Jean-Luc Goli

Parole éternelle rouge

Jean-Luc Goli

Parole éternelle rouge

Psaumes

Éditions Croix du Salut

Imprint
Any brand names and product names mentioned in this book are subject to trademark, brand or patent protection and are trademarks or registered trademarks of their respective holders. The use of brand names, product names, common names, trade names, product descriptions etc. even without a particular marking in this work is in no way to be construed to mean that such names may be regarded as unrestricted in respect of trademark and brand protection legislation and could thus be used by anyone.

Cover image: www.ingimage.com

Publisher:
Éditions Croix du Salut
is a trademark of
International Book Market Service Ltd., member of OmniScriptum Publishing Group
17 Meldrum Street, Beau Bassin 71504, Mauritius
Printed at: see last page
ISBN: 978-613-7-37661-4

INTRODUCTION AU TRIMESTRE

La Bible est un Livre complet en ce qu'il contient une gamme très variée de thèmes littéraires : histoire, poésie, prophétie, etc. Dans cette magnifique mosaïque de pensées et d'enseignements le livre des Psaumes occupe une place de choix.

Le livre des Psaumes est une sorte de compilation de cinq « livres ». Ces cinq « livres » sont divisés comme suit :

Livre I — 41 psaumes (1 à 41)

Livre II — 31 psaumes (42 à 72)

Livre III — 17 psaumes (73 à 89)

Livre IV — 17 psaumes (90 à 106)

Livre V — 44 psaumes (107 à 150)

Total : 150 psaumes

Notons que certains érudits considèrent les Psaumes 146 à 150 comme formant l'épilogue du livre.

Le livre des Psaumes est placé parmi les « livres poétiques » de l'Ancien Testament en compagnie du livre de Job, du livre des Proverbes, de l'Ecclésiaste, du Cantique des Cantiques, et des Lamentations de Jérémie. Des auteurs comme David, Asaph, les fils de Koré, Moïse, Salomon, Héman, Ethan, ainsi que des auteurs anonymes ont collaboré à sa rédaction. Leurs écrits inspirés, abordant des thèmes variés, conservent une constante dominante qui fait l'unité du livre : la fidélité de Dieu, ses compassions infinies, l'impartialité de ses jugements et la grandeur, la gloire et la magnificence de son Nom.

Le livre des Psaumes — malgré sa grande popularité même dans les cercles non chrétiens à cause de la grande beauté de sa poésie et le grand réconfort que ses pages apportent à tout lecteur — n'en est pas moins un livre très profond. Les nombreuses citations de ce livre dans le Nouveau Testament, citations qui parfois étayent des points doctrinaux très importants présentés par Jésus lui- même et par ses disciples, attestent de l'inspiration et de la grande importance du livre des Psaumes.

Les treize leçons de ce trimestre ne constituent point une étude exhaustive de ce grand livre, source millénaire d'inspiration et de réconfort. Nous nous proposons de présenter une vue d'ensemble de ce texte assez complexe et de convier l'étudiant de la Bible à une méditation profonde au moyen d'une étude soigneuse de quelques-uns des grands thèmes du livre, tels qu'on peut les trouver dans certains des psaumes les mieux connus.

Comme pour les textes précédents, des questions à ta fin de chaque section aideront tant les moniteurs que les étudiants à faire le point assez rapidement sur la portion développée. Les textes supplémentaires, à la fin de certaines leçons, seront appréciés dans la mesure où ils stimulent moniteurs et étudiants à découvrir de nouveaux joyaux, dans cette Parole de Dieu qui doit être une lampe à nos pieds et une lumière sur notre sentier (Psaume 119.105).

« Célébrez l'Eternel, invoquez son nom ; faites connaître parmi les nations ses grandes œuvres ! » (Psaume 105.1, version Synodale).

— Roberto Manoly

INTRODUCTION AU LIVRE DES PSAUMES

Le livre des Psaumes est le recueil de cantiques de la Bible et de l'Eglise chrétienne, Le mot psaumes dérive du mot grec *psalmol* qui signifie « cantiques sacrés », tandis que le titre hébreu du livre (*teillim*) signifie « hymnes de louanges ». W.O.E. Oesterly, dans son livre *Les Psaumes,* considère ces 150 poèmes religieux comme « la plus grande symphonie de louanges à Dieu, jamais composée sur la terre » Aucune autre œuvre littéraire n'a probablement jamais été plus utile dans l'inspiration de dévotion â cause de leur fraicheur et de leur riche qualité spirituelle.

Les Psaumes nous donnent un aperçu de la nature interne de la religion, de l'Ancien Testament. Malheureusement, certains n'ont considéré la religion d'Israël que comme un système légal de rites et de cérémonies externes. « Les Psaumes montrent clairement, » nous dit Westlake T. Purkiser, « qu'au temps de l'Ancien Testament la piété était une foi vivante, spirituelle, joyeuse et intensément personnelle. » Bien que provenant de périodes différentes dans l'histoire d'Israël, les Psaumes sont la « foi de l'Ancien Testament mise en musique. »

Les Psaumes sont aussi un « miroir de l'âme ». Calvin a décrit ce livre comme « une anatomie de toutes les parties de l'âme » puisque, comme il l'a expliqué, « il n'existe pas une émotion dont quelqu'un peut être conscient, qui n'y soit représentée comme dans un miroir ». Les Psaumes reflètent non seulement une profonde compréhension de la vie spirituelle des Hébreux, mais aussi une image de la vie religieuse profonde de tous les vrais serviteurs de Dieu. Comme l'a exprimé Luther, « nous pouvons plonger les regards dans les cœurs de tous les saints ». Mous pouvons, donc, nous voir nous-mêmes dans les Psaumes, que notre situation soit faite de triomphe ou de trouble, de confiance ou de doute, de prospérité ou de famine, d'accomplissement ou de désappointement ; que nous soyons au sommet de la montagne ou dans la vallée. Cela explique pourquoi tant de gens, à travers les siècles, ont été attirés vers cette portion de la Parole de Dieu pour y trouver le réconfort et l'inspiration.

Les Psaumes présentent à la fois un caractère personnel et collectif. Quelques-uns d'entre eux sont nés de la dévotion en privé, tandis que d'au- très sont issus de l'adoration en public. Toutefois, on pourrait les utiliser dans un cas ou dans l'autre. « La société hébraïque était tissée ensemble d'une manière telle que l'individu était capable de s'identifier avec son groupe ; et le peuple, dans son intégralité, pouvait être regardé comme une personnalité collective. Dès lors, beaucoup de psaumes qui semblent être personnels peuvent être compris comme des expressions d'une communauté. » Les Psaumes représentent donc une vie spirituelle profonde et personnelle et sont en même temps adaptables à l'usage de l'adoration collective.

TYPES DE PSAUMES

Bien que le livre des Psaumes soit organisé en cinq « livres » ou divisions dans le texte hébreu, il n'est toutefois pas organisé selon un contenu et des types. Tout comme il y a une variété d'expériences dans la vie, de même il y a une grande variété dans le psautier. Les principaux types de psaumes se présentent comme suit avec quelques exemples choi-sis :

1. Psaumes d'adoration, de louanges, et de remerciements (18 ; 23 ; 46-48 ; 65-67 ; 91 ; 103 ; 136 ; 145-150).
2. Psaumes de lamentation, de détresse et de tristesse — sur le plan individuel et national (3-5 ; 7 ; 17 ; 26-28 ; 41-44 ; 59-64 ; 74 ; 77 ; 88 ; 90 ; 140-142).
3. Psaumes de sagesse et de contraste moral (1 ; 9-10, 14 ; 25 ; 36-37 ; 52-53 ; 94 ; 119).
4. Psaumes royaux et messianiques (2 ; 22 ; 45 ; 68 ; 110).
5. Psaumes sur la nature (8 ; 19 ; 29 ; 104).
6. Psaumes historiques (48 ; 78 ; 81 ; 105-106).
7. Psaumes de pénitence et de tristesse à cause du péché (6 ; 32 ; 38 ; 51 ; 102 ; 130 ; 143).
8. Psaumes de colère et de punition contre les méchants (35 ; 58 ; 69 ; 83 ; 109 ; 137).
9. Psaumes liturgiques pour les occasions et les jours spéciaux (15 ; 20-21 ; 24 ; 84 ; 95-100 ; 113-118 ; 120-134).

Dans beaucoup des psaumes susmentionnés, des titres contenant une variété d'informations sont donnés. La plupart d'entre eux se réfèrent aux questions d'auteurs ou de consécration, quelques-uns d'entre eux au genre de poème, â la situation musicale ou historique, ou à l'usage liturgique du psaume. Bien que les titres ne se trouvent pas dans le texte hébreu original, ils sont considérés comme étant très anciens.

LES ENSEIGNEMENTS DES PSAUMES

Puisque les psaumes étaient écrits comme des poèmes religieux dans une variété de circonstances sur une grande période de temps, ils n'ont pas pour but de nous présenter un système formel de théologie. Ils nous présentent, toutefois, à propos de la vie et de l'expérience, quelques vérités fondamentales qui sont applicables à chaque génération.

Les Psaumes postulent l'existence de Dieu et déclarent que c'est « l'insensé (qui) dit en son cœur : 'Il n'y a point de Dieu' » (Psaume 14.1). Ils affirment l'unicité de Dieu, que lui seul est vraiment Dieu, et que les idoles sont sans valeur (Psaume 96.4-5). Dieu est à la fois le Créateur de l'univers (Psaume 104) et le Seigneur de l'histoire (Psaume 78), participant activement aux affaires humaines. Des mots favoris sont employés par les écrivains des psaumes pour décrire la nature de Dieu. Nous relevons les termes suivants : saint, juste, miséricorde, aimable, fidèle, clément, vérité, compassion, majesté, gloire et honneur. Dieu est une personne de nature indépendante, mais qui agit à travers cette nature même pour accomplir ses desseins. Être en communion avec Dieu est *le summum bonum* (le bien suprême) de la vie : « L'âme est rassasiée de joie en ta présence » (Psaume 16.11b, version Synodale).

Une vue réaliste de la nature humaine est reflétée à travers les Psaumes. Bien que l'homme soit coupable, il demeure la pierre d'angle de la création (Psaume 8). Selon Herbert Livingston, « la finitude et la position de créature de l'homme étaient mesurées...en fonction de la grandeur et de la puissance divine. L'homme ne devient quelque chose que dans la mesure où Dieu l'anime et forge avec lui un rapport de communion ». Les écrivains des psaumes connaissaient tout l'impact de la culpabilité, du désespoir et de la souffrance en rapport avec le caractère pécheur du cœur humain et la participation dans une société pécheresse. Ils ont proclamé une forte dépendance de l'homme par rapport à Dieu qui est la source de la vie, ainsi que la force et l'espoir pour le futur (Psaumes 4 ; 23 ; 46 ; 90).

Parfois les psaumes de colère et de punition contre les méchants (psaumes imprécatoires) sont considérés comme étant au-dessous de la norme chrétienne et contraires aux enseignements de Jésus dans le Sermon sur la montagne. Cependant, nous devons nous rappeler qu'il existe une loi morale qui gouverne l'univers, que les hommes méchants récoltent les conséquences de leurs actions, que le jugement est une partie de la foi biblique totale, et que les paroles du psalmiste ne reflètent pas nécessairement de la rancune ou de la cruauté. Il se peut que les paroles amères fussent des prédictions au sujet de ce qui doit arriver inévitablement aux méchants.

Pour les écrivains des Psaumes, la bonne vie implique le fait de marcher devant le Seigneur dans la confession, l'abandon et la foi. Il n'y a pas de moyen terme. Il s'agit de prendre ou bien la route de la destruction fréquentée par les méchants, ou bien la route de la vie avec les justes. Les écrivains des psaumes choisissent de suivre le sentier de la vie (Psaume 1).

LES DIVERS EMPLOIS DES PSAUMES

Les Psaumes ont eu une large attraction et un large usage tant pour les juifs que pour les chrétiens. Les « cantiques des pèlerins » (Psaumes 120 à 134) étaient chantés par les joyeux voyageurs se rendant à Jérusalem et décrivant le retour des exilés dans leur pays natal. Pour les services d'adoration dans le temple, on utilisait des psaumes comme hymnes de procession (Psaumes 24 ; 100) et le chant des psaumes dans les synagogues aident à expliquer pourquoi un hymne chanté est devenu une partie naturelle de l'adoration dans l'Eglise Primitive. Les Psaumes étaient, en outre, utilisés dans l'adoration et tes dévotions privées aux temps de l'Ancien Testament (Psaumes 42 et 66).

Beaucoup d'entre les Psaumes ont été associés au nom de David, le plus grand des rois d'Israël, et ont été appliqués, par la suite, à Jésus-Christ, le Roi de rois qui vit éternellement Plus d'un tiers des passages de l'Ancien Testament cités dans le Nouveau Testament est tiré du livre des Psaumes. Les deux psaumes royaux ou messianiques les plus fréquemment cités dans le Nouveau Testament sont les Psaumes 2 et 110. Christ s'est référé aux Psaumes dans le Sermon sur la Montagne et dans Matthieu 21.42 en parlant de « la pierre qu'ont rejetée ceux qui bâtissaient » (Psaume 118.22), Dans sa purification du temple, il s'est référé aux livre des Psaumes (Jean 2.17 ; Psaume 69.10). Jésus termina son ministère terrestre par ce cri d'angoisse : « Mon Dieu, mon Dieu, pourquoi m'as-tu abandonné ? » (Matthieu 27.46 ; Psaume 22.2).

Les Psaumes ont joué un rôle proéminent dans la vie de l'Eglise Primitive. Ils constituaient le recueil de cantiques de l'Eglise chrétienne des premiers siècles aussi bien qu'un modèle pour les dévotions publiques et privées. C'était le premier livre donné aux jeunes convertis. Athanase (295-373) dit que l'on chantait les Psaumes pour glorifier Dieu et pour amener toutes nos facultés dans un service à Dieu fait d'amour et d'harmonie. Augustin (354-430) écrit au sujet du psautier ; « Oh ...quand je lis les psaumes de David, ces cantiques fidèles et ces sons de dévotion...Oh...combien ils me rapprochent de toi par leur chaleur. »

D'autres chrétiens, à travers l'histoire de l'Eglise, ont été inspirés par la dévotion contenue dans les Psaumes. Les précurseurs de la Réforme protestante — Wycliffe, Huss et Savonarole — sont tous morts en répétant les phrases d'un psaume. Luther écrivit son fameux hymne « C'est un rempart que notre Dieu » en s'inspirant spirituellement du Psaume 46. John Wesley fut réconforté par un psaume dans l'après-midi de sa fameuse expérience à la rue Aldersgate ; et au moment de mourir il déclara : « L'Éternel des armées est avec nous, le Dieu de Jacob est pour nous une haute retraite » (Psaume 46.8). David Livingstone fut soutenu durant sa carrière missionnaire (en Afrique) avec la promesse suivante tirée des Psaumes : « Recommande ton sort à l'éternel, mets en lui ta confiance, et il agira » (Psaume 37.5).

Le livre des psaumes a donc été un recueil de cantiques universel et précieux pour les croyants dans leur adoration, les leçons scripturaires pour de nombreuses réunions d'Églises, les prières pour les fidèles au milieu de tribulations et de souffrances, et une continuité spirituelle entre la foi de l'Ancien Testament et l'évangile chrétien. Les Psaumes présentent une variété de sentiments religieux et ont fourni aux chrétiens de tous les siècles un riche héritage de dévotion tant pour la prière en privé que pour l'adoration collective. « Aucun autre livre de la Bible n'a exercé une telle fonction dans l'Eglise, et...n'est allé si directement au cœur de la chrétienté. »

— William J. Strickland

Leçon 1

LES PSAUMES ET LA FOI AUJOURD'HUI

PASSAGE BIBLIQUE SUR LA LEÇON

Psaume 1

VERSET À MÉMORISER

« Que la parole de Christ habite parmi vous abondamment ; instruisez-vous et exhortez-vous les uns les autres en te sagesse, par des psaumes, par des hymnes, par des cantiques spirituels, chantant à Dieu dans vos cœurs sous l'inspiration de là grâce » (Colossiens 3.6).

LECTURE QUOTIDIENNE

L - PSAUME 3, PRIERE D'APPEL AU SECOURS
M - PSAUME 4, LOUANGE POUR L'AIDE REÇUE
M - PSAUME 8, L'HOMME, SOMMET DE LA CREATION
J - PSAUME 9, ACTIONS DE GRACE POUR LA VICTOIRE
V - PSAUME 10.12-18, REQUETE DE DAVID
S - PSAUME 11, LE CHATIMENT DU MECHANT
D - PSAUME 13, LA FOI DU JUSTE

BUT DE LA LEÇON

Mettre en application, dans notre vie quotidienne, les expressions sacrées de la vraie religion trouvées dans le livre des Psaumes.

INTRODUCTION

Le psaume premier constitue une introduction générale pour tout le livre tout comme le psaume 150 semble en être la conclusion. Dès cette introduction générale, deux voies sont présentées : celle du juste et celle du méchant. L'une mène à Dieu par l'obéissance à ses commandements, l'autre mène à la perdition par ta manifestation d'un esprit de rébellion et par la pratique de choses qui sont contraires à sa volonté.

Mais le psaume premier est avant tout un hymne de louange à la gloire du Créateur qui seul peut vraiment bénir l'homme qui le sert fidèlement, et le rendre heureux. Ce psaume est aussi une invitation à la musique et à la danse sacrées. Rappelons-nous en effet que le mot grec psalmoi, duquel dérive notre mot « psaumes », signifie tout d'abord « cantiques sacrés chantés avec l'accompagnement d'instruments musicaux ». Rappelons-nous aussi que le mot hébreu tehillim signifie « louanges », de sorte que ces cantiques sacrés chantés aux sons de la musique instrumentale sont des hymnes à la louange du Créateur.

Ainsi poésie, et musique forment une combinaison harmonieuse dans la belle mosaïque des psaumes. Mais cette poésie recèle des paroles d'une profonde sagesse, d'une sagesse selon Dieu. La crainte de l'Éternel n'est-elle pas le début de toute vraie sagesse, de la sagesse qui conduit au salut ? (Proverbes 9.10).

Notre développement comprend trois parties :

I. La voie du juste — Psaume 1.1-3

II. La voie du méchant — Psaume 1.4-5

III. Le contraste — Psaume 1.6

I. LA VOIE DU JUSTE

Psaume 1.1-3

Notons tout d'abord que ce psaume s'ouvre sur une béatitude, comme c'est le cas pour le « Sermon sur la montagne » (Matthieu 5). Il ne s'agit pas d'une béatitude passive, mais plutôt dynamique. L'homme heureux évite certaines choses et en accomplit d'autres.

Le mot hébreu *ashere* traduit par « heureux » signifie aussi « béni ». Bien que ce mot exprime l'idée de prospérité et de bonheur, nous savons que le bonheur d'un homme n'est pas toujours caractérisé uniquement par la quantité de biens matériels qu'il possède, mais surtout par l'esprit de gratitude qu'il manifeste à l'égard de ce qu'il reçoit. « L'argent ne fait pas le bonheur », dit un proverbe, et les gens matériellement riches sont souvent des gens bien tristes. Le bonheur est donc avant tout un état d'esprit, une attitude de l'âme en paix avec elle- même et avec Dieu.

Considérons donc les aspects de la voie du juste.

1. *L'aspect négatif*— Psaume 1.1

Trois verbes sont utilisés pour décrire l'aspect négatif de la voie du juste : marcher, s'arrêter, s'asseoir. Ces trois verbes, dans le contexte du verset 1, marque une progression descendante dans le déclin spirituel que le juste doit éviter.

(a) Il « ne marche pas selon le conseil des méchants ». Il recherche plutôt le conseil de Dieu et l'avis de la Parole de Dieu. Le psalmiste peut s'écrier : « je bénis l'Eternel, mon conseiller » (Psaume 16.7a) ; et encore : « Tes préceptes font mes délices, ce sont mes conseillers » (Psaume 119.24). « Dis-moi qui tu fréquentes et je te dirai qui tu es », dit un proverbe. Le juste demeure dans la justice en fréquentant la voie des justes, évitant du même coup celle des méchants.

(b) Il « ne s'arrête pas sur la voie des pécheurs ». Si nous ne suivons pas le conseil des méchants, nous n'avons aucune raison de nous aventurer sur leur chemin au point d'être attiré par quelque chose sur la voie des pécheurs qui nous porterait à nous y arrêter. Le marchand sur le trottoir ne peut vous vendre quelque chose que si vous vous arrêtez un instant pour écouter sa publicité. Passez votre chemin, et il devra se tourner vers un autre acheteur éventuel.

Lot et sa famille avait reçu un ordre précis : « Ne regarde pas derrière toi, et ne t'arrête pas dans toute la plaine » (Genèse 19.17b). Mais la femme de Lot, s'arrêta un instant et regarda en arrière, ce qui causa sa fin tragique (Genèse 19.26).

(c) Il « ne s'assied pas en compagnie des moqueurs ». Quand le méchant se complaît dans sa méchanceté, et le pécheur dans sa culpabilité, il se moque de la justice et du bien. S'asseoir avec ceux qui se moquent de la religion et de la justice, c'est faire cause commune avec eux. Mais l'on ne peut s'asseoir que si l'on s'arrête tout d'abord. Et si l'on évite la voie des pécheurs, on n'aura pas d'occasion de s'asseoir avec les méchants et les moqueurs. C'est avec justesse que l'écrivain des Proverbes proclame : « Le moqueur verse l'acide du doute et du dédain sue l'enthousiasme du juste.

« Les mauvaises compagnies corrompent les bonnes mœurs » ; et la compagnie dès moqueurs est à éviter comme la peste.

Ainsi, évitons de marcher sur la mauvaise voie, de peur que nous ne nous arrêtions sur le mauvais chemin et que nous ne nous asseyions finalement dans la compagnie des moqueurs.

Question à discuter :

- *Que doit faire l'homme juste pour ne pas suivre la voie des méchants ?*

2. L'aspect positif — Psaume 1.2-3

« La religion pure et sans tache devant Dieu », pour répéter l'expression chère à l'apôtre Jacques, n'est pas simplement une religion d'interdiction, mais surtout une religion d'action. Elle comporte un aspect positif qu'il nous faut considérer :

(a) Le juste « trouve son plaisir dans la loi de l'Éternel et....la médite jour et nuit ! » (Psaume 1.2). Pour le méchant et le moquer, la Parole de Dieu est sèche et ennuyeuse, mais pour celui qui pratique la justice il y a du plaisir à lire et à la méditer. Beaucoup de bons livres nous apportent une lecture très utile, mais aucun d'entre eux ne peut se comparer à la richesse et à la profondeur des Saintes Écritures. Seul le Livre des livres peut procurer à la fois sagesse, sécurité et bonheur.

Qu'en est-il de la méditation ? Neil B. Wiseman nous dit à ce sujet. Notre concept de la méditation doit être élargi. L'on pense souvent que la méditation n'est que de l'introspection tranquille. Suivant un tel concept la méditation serait-ce qu'un saint mystique et peu pratique fait durant de longues heures d'isolement, une sorte de divorce total de la vie. Mais la méditation doit sortir du cadre étroit du monastère et se placer au centre même de la vie. Nous pouvons et devrions avoir une attitude méditative au milieu du train-train de la vie quotidienne, repassant dans notre mémoire et notre pensée les promesses bibliques chères à notre cœur.

Méditer la Bible jour et nuit est un art et un exercice qu'il nous faut pratiquer avec gratitude et régularité.

(b) Le juste « est comme un arbre planté près d'un courant d'eau » (Psaume 1.3a). Un arbre planté près d'un courant d'eau a ses racines toujours fraîches et reçoit continuellement tous les éléments nutritifs dont il a besoin. De même, le serviteur de Dieu est planté près du courant d'eau de la grâce de Dieu.

Enraciné dans la Parole de Dieu, le juste porte en lui les manifestations du fruit de l'Esprit (voyez Galates 5.22-23). Bien plus, il garde à travers les fibres de son être intérieur des réserves d'endurance pour les temps d'adversité. Car, si le texte dit que « tout ce qu'il fait lui réussit » (Psaume 1.3c), il ne faut pas croire que tout lui arrive comme sur des roulettes glissant sur du velours. Car nous devons nous rappeler que les épreuves et les tribulations n'épargnent pas celui qui sert Dieu. Toutefois nous avons l'assurance que si « le malheur atteint souvent le juste...l'Eternel l'en délivre toujours » (Psaume 34.20). Mais quant à la réussite, le psalmiste dit : « Fais de l'Éternel tes délices et il te donnera ce que ton cœur désire » (Psaume 37.4). Et le juste ne désire jamais faire quelque chose qui est contraire à la volonté de Dieu. Joseph et David, parmi tant d'autres, nous donnent la preuve que le succès est au bout du chemin du juste, quels que soient les obstacles qui jalonnent sa route.

Questions à discuter :

- *Quels bénéfices tirons-nous de la méditation quotidienne de la Parole de Dieu ?*
- *La réussite matérielle est-elle un signe certain que Dieu approuve notre vie ?*

II. LA VOIE DU MECHANT

Psaume 1.4-5

L'objet de comparaison pour le méchant est très différent de celui du juste.

1. Les méchants « sont comme la balle que te vent emporte » — Psaume 1.4, Bible annotée

Dans leur commentaire de ce verset, les rédacteurs de la Bible annotée nous disent : « On plaçait les aires à battre le blé au sommet des collines, afin que, le battage achevé, la balle et la poussière fussent emportées par le vent. L'enveloppe du grain, la balle, peut tromper le regard par son apparence, mais elle est vide. Ainsi le méchant, vide de tout bien, ne peut qu'être emporté par les jugements divins » (*La Bible annotée, A.T. 6,* p. 14).

La Bible, de son côté, dit : « Si les méchants croissent comme l'herbe, si tous ceux qui font le mal fleurissent, c'est pour être anéantis à jamais » (Psaume 92.8). Non, le bonheur n'est pas pour le méchant (Ecclésiastes 8.13), quoi que semblent indiquer les apparences. « Le bonheur des méchants comme un torrent s'écoule » (*Racine*, Athalie, II, 7).

2. « Les méchants ne résistent pas au jour du jugement, ni les pécheurs dans l'assemblée des justes » — Psaume 1.5

Nous savons bien que le juste, sauvé par grâce, ne vient point en jugement (Jean 5.24). Mais le méchant ne peut échapper au jugement de condamnation. Tant qu'il demeure dans sa méchanceté, il court le risque de tomber sous le jugement de Dieu.

Questions à discuter :

- *Pourquoi le bonheur du méchant n'est-il qu'apparent ?*
- *Le méchant peut-il changer d'attitude ? (voyez Ezéchiel 18.21).*
- *Que fera Dieu alors ? (voyez Ezéchiel 18.22-23).*

III. LE CONTRASTE

Psaume 1.6

Le contraste entre les deux voies est évident. Contraste quant à leur début, contraste quant à leur fin.

1. « L'Eternel connaît la voie des justes » — Psaume 1.6a

Le juste ne crée pas sa propre justice, il est justifié par la grâce divine et par le moyen de la foi dans le salut que Dieu offre en Jésus-Christ, son Fils. Jésus a dit : « Je suis le chemin, la vérité et la vie » (Jean 14.6). Celui qui croit en Christ est sur le « chemin des justes » par la foi en Christ. Tous ont péché, il est vrai, et sont privés de la gloire de Dieu (Rom. 3.23), mais ils peuvent être gratuitement justifiés.

Il est vrai qu'avant la venue de Jésus-Christ, les Israélites vivaient sous la Loi mosaïque. Mais même sous la Loi, le prophète inspiré pouvait dire de la part de l'Eternel : « Le juste vivra par sa foi » (Habacuc 2.4). Or, nous savons aussi que la foi vient de ce que l'on entend et ce que l'on entend vient de la Parole de Dieu (Rom. 10.17).

Bien sûr que Dieu connaît la voie des justes, car 11 connaît ceux qui lui appartiennent, ceux qui le servent fidèlement (1 Timothée 2.19). Et l'Esprit de Dieu rend témoignage à leur esprit qu'ils sont enfants de Dieu (Rom. 8.16).

2. « La voie des pécheurs mène à la ruine » — Psaume 1.6b

Le verset 4 nous a dit que les méchants sont comme la paille que le vent dissipe, comme la balle que le vent emporte. Comme l'herbe qui pousse bien haut, mais que l'on coupe au ras de terre, ainsi en est-il du semblant de bonheur des méchants. Une ruine soudaine frappera le méchant et il ne sera plus (1 Thessaloniciens 5.3 ; 2 Pierre 2.1).

Leçon 2

L'APPEL À LA PURETE PERSONNELLE

PASSAGES BIBLIQUES SUR LA LEÇON

Psaumes 14.1-3 ; 15 ; 16.8-11

VERSET À MÉMORISER

« Car Dieu ne nous a pas appelés à l'impureté, mais à la sanctification » (1 Thessaloniciens 4.7).

LECTURE QUOTIDIENNE

L - PSAUME 14, LES INFIDELES
M - PSAUME 15, L'INTEGRITE EXIGEE
M - PSAUME 16, ASSURANCE POUR CELUI QUI EST INTEGRE
J - PSAUME 17.1-8, LES BIEN-AIMES DE DIEU
V - PSAUME 18.1-6, LE GRAND LIBERATEUR
S - PSAUME 19, PRIERE DE L'HOMME INTEGRE
D - PSAUME 20, LE MEME SEIGNEUR

BUT DE LA LEÇON

Souligner la relation directe entre la foi personnelle et le moral.

INTRODUCTION

La leçon d'aujourd'hui qui embrasse trois psaumes – 14,15, et 16 – nous invite à une réaffirmation de la foi personnelle. Le Psaume 14 nous montre le besoin évident d'une telle foi car il considère le déclin continu de pécheur qui vit comme si Dieu n'existe pas. Le Psaume 15 esquisse les conditions requises de Dieu tant pour le caractère que pour la conduite. Ce qu'il attend de nous est saint, élevé et possible. Le Psaume 16 nous réassure de l'aide permanente de Dieu.

Les textes bibliques pour cette leçon nous rappellent le péril de l'impiété et la sécurité que procure la vraie piété. Ces passages communiquent la différence significative entre les voies de ce monde et les conditions requissent d'entrée dans le royaume de Dieu.

Nous développerons notre leçon autour des trois points suivants :

I. La terrible progression du péché — Psaume 14.1-3

II. Les formidables possibilités de la pureté — Psaume 15

III. La puissance assurée de la foi — Psaume 16.8-11

I. LA TERRIBLE PROGRESSION DU PÉCHÉ

Psaume 14.1-3

Pour la Bible, le péché est une affaire très grave. L'histoire humaine, collective et individuelle, confirme la vérité que le péché trompe et détruit. Bien que chaque génération essaie d'ignorer la gravité du problème du péché, la famille humaine continue de faire face à la dure réalité du péché dans la misère, souffrance et la terrible réalisation de ce qui aurait pu être. Le message central du Psaume 14 — qui se répète au Psaume 53 — concerne le terrible péril du péché, spécialement du péché d'athéisme.

A. L'athéisme, un problème moral — Psaume 14.1

L'athéisme est la négation de l'existence de Dieu. Le psalmiste déclare sans ambages : « L'insensé dit en son cœur : il n'y a point de Dieu » (Psaume 14.1). L'insensé manque de bon sens ou plutôt fait fi de tout ce que le bon sens recommande.

Il ne faut donc pas croire que l'insensé commet simplement une erreur de jugement. Non, il nie Dieu « dans son cœur ». Jérémie, le prophète, dit avec raison que « le cœur [de l'homme] est tortueux pardessus tout, et il est méchant » (Jérémie 17.9). Cette constatation fait écho aux paroles du psalmiste : « Le méchant dit avec arrogance : Il [Dieu] ne punit pas ! Il n'y a point de Dieu ! » (Psaume 10.4).

On dit que les vrais athées sont rares. Bien souvent, en effet, l'athée est non seulement incrédule, mais cherche aussi « à justifier une vie coupable par un système mensonger » (*La Bible annotée, A.T. 6,* p. 39). S'il n'y a point de Dieu, il n'y a donc point de jugement final, et alors tout est permis.

B. La corruption du cœur — Psaume 14.1b

L'âme qui s'éloigne des pensées de Dieu et de ce qui concerne les-fins dernières de l'homme se corrompt, commet des « actions abominables » et finit par se détourner de tout ce qui est bien. La perception d'un Dieu saint qui est personnel et qui se soucie de ses créatures nous aide à nous détourner du péché.

Mais quand on se laisse attirer vers l'athéisme, un abîme s'ouvre devant soi. « La vie de l'athée est un effrayant éclair qui ne sert qu'à découvrir un abîme », écrit François de Chateaubriand. Et dans cet abîme, le péché domine dans toute sa laideur. Ô, l'horrible désespoir de l'homme sans Dieu !

C. Mais Dieu sait — Psaume 14.2

En dépit du fait que l'homme moderne voudrait substituer le vice à la vertu, couvrir le péché d'un vernis de justice et confondre la convoitise charnelle sophistiquée avec la sainteté, Dieu connaît exactement les motivations de son cœur. Il appelle le péché, quel qu'il soit, par son nom, mais Il se met en quête de ceux qui sont intelligents et sages, ceux qui cherchent sa face (Psaume 14.2a). Hélas, ceux qui commettent l'iniquité semblent souvent avoir perdu le sens (Psaume 14.3).

Rappelons-nous que Dieu ne se lasse pas de pardonner (Ésaïe 55.7d), et que tant que le pécheur n'a pas atteint le point de non-retour dans son incrédulité — le péché contre le Saint-Esprit (Matt. 12.31) — il a la possibilité de s'approcher de Dieu pour être pardonné.

Notons enfin que le psalmiste ne perd pas son temps à donner des preuves de l'existence de Dieu. Le fardeau de la preuve incombe plutôt à l'insensé qui, du reste, ne peut en donner aucune qui soit valable. L'existence de Dieu est si évidente à travers ses œuvres qu'aucun ensemble de « preuves » ne saurait la rendre plus évidente. Nous existons parce que Dieu est !

Questions à discuter :

- *Que cache souvent l'athéisme ?*
- *Quelle doit-être notre attitude à l'égard de ceux qui disent qu'il n'y a point de Dieu ? (Voyez I Pierre 3.15 ; Proverbes 26.4.)*
- *Pourquoi le psalmiste qualifie-t- il l'athée d'insensé ? (Voyez Psaume 19.2 ; Romains 2.18-20.)*

II. LES FORMIDABLES POSSIBILITÉS DE LA PURETÉ

Psaume 15

Le Psaume 15 peut être divisé en trois parties : (1) une idée centrale exprimée à travers des questions ; (2) des commandements qui sont des réponses aux questions posées, (3) une promesse qui sert de conclusion.

Dieu désiré que nous menions une vie de justice, une vie bien remplie.

A. Les questions — Psaume 15.1

Elles sont importantes : « O Eternel, qui séjournera dans ta tente ? Qui demeurera sur ta montagne sainte ? » (15.1). De telles questions nous font penser à la nature même de Dieu, à l'éminente sainteté de son caractère. Comparez Psaume 15.1-5 à Psaume 24.3-4 et Esaïe 33.14c-15.

Nous pourrions nous demander aujourd'hui Quelles qualités Dieu exige-t-il de ceux qui veulent vivre dans sa communion ? Quels sont ceux qui peuvent participer à sa sainteté ? Quels sont ceux qui peuvent jouir de sa présence maintenant et pour toujours ?

B. Les réponses — des commandements spécifiques — Psaume 15.2-5

Le verset 2 résume la situation :

1. Il « marche dans l'intégrité ».

Le mot hébreu traduit par intégrité suggère l'idée de sincérité, de perfection, de plénitude, d'absence de blâme. Le vrai ami de Dieu présente un vivant exemple de grâce à l'œuvre dans la vie quotidienne. La pureté intérieure que Dieu procure fait de nous des personnes intègres. Cette intégrité exclut tout prétexte et toute piété hypocrite.

2. Il « pratique la justice ».

Cette pratique de la justice inclut les aspects suivants :

(a) Il ne fait pas de mal à son prochain (v.3b).

(b) Il se détourne de ceux qui ne l'honorent pas Dieu (v.4)

(c) Il refuse de trahir son prochain pour l'argent ou d'exiger d'intérêt sur l'argent ou d'exiger de l'intérêt sur l'argent qu'il prête à celui qui est dans le besoin (v. 5). Bien sûr, un banquier chrétien peut prêter à intérêt, car ceux qui empruntent des banques le font souvent pour des raisons commerciales.

3. Il parle avec droiture.

Il « dit la vérité selon son cœur » (v. 2), c'est-à-dire non du bout des lèvres. Dire la vérité selon son cœur implique :

(a) Le refus de calomnier son prochaine (v.3a). Il ne traîne pas le nom des autres dans la boue.

(b) Le refus de jeter « l'opprobre sur son prochain » (v.3c) par des remarques insensibles.

(c) La fidélité à la parole d'honneur (v.4c). Donner sa parole d'honneur et changer d'idée, pour une raison ou pour une autre, c'est parler d'une manière contraire à la vérité ; on ne peut faire confiance à une telle personne.

Notre usage de la langue devrait être contrôlé par ces trois questions : (1) Ce que nous disons est-il vrai ? ; (2) Est-il nécessaire de le dire ? ; et (3) Peut-il causer du tort aux autres ? La cause de Christ bénéficierait immensément si nous refusions de participer dans les tripotages et les papotages, et nous décidions de dire la vérité selon le cœur. Pureté de cœur, pureté d'intention, pureté d'action sont trois angles importants de la vraie intégrité.

C. La promesse — Psaume 15.15c

La dernière partie du dernier verset du Psaume 15 répond à la question du verset 1, La personne possédant une vraie piété, qui est sincère dans ses engagements, qui sait tenir sa langue en bride (Jacques 3.2), et qui agit selon ta justice et l'équité, est celle que recherche Dieu. Cette personne-là « ne chancelle jamais ».

Question à discuter :

- *Avez-vous appris quelque chose sur l'intégrité chrétienne ? Désirez-vous le mettre en pratique dans votre vie quotidienne, avec l'aide de Dieu ?*

III. LA PUISSANCE ASSURÉE DE LA FOI

Psaume 16.8-11

Le message du Psaume 16 concerne l'aide toute suffisante de Dieu à la disposition de chacun de nous. La vie sainte à laquelle le Seigneur nous convie est possible parce qu'il nous rend capable de faire sa volonté.

A. Notre aide pour toute la vie — Psaume 16.8

Le psalmiste chante : « J'ai constamment l'Eternel sous mes yeux » ; en d'autres termes, il a toujours l'Eternel à la pensée. En gardant à l'esprit la présence constante de Dieu, nous nous rappelons notre vraie identité et ce que Dieu attend de nous. Cette bonne attitude est tout à fait contraire à celle de l'insensé du Psaume 14 qui vit comme si Dieu n'existe pas. Le psalmiste trouve non seulement de l'aide dans sa vision de la grandeur de Dieu, mais il est aussi fortifié par la proximité de Dieu. L'Eternel est son Seigneur et aussi son Ami. Jésus n'a-t-il pas dit à ses disciples : « Vous êtes mes amis, si vous faites ce que je vous commande ? » (Jean 15.14).

En pensant constamment à la sainteté de Dieu, nous rappelons ce qu'il attend de nous ; en considérant qu'il est près de nous, toujours prêt à nous secourir, nous sommes encouragés à lui faire confiance pour qu'il nous accorde le pouvoir de faire sa volonté.

B. L'espérance de la vie éternelle — Psaume 16.9-11

L'apôtre Pierre utilise ce passage, en Actes 2.25-28, comme une prophétie sur la résurrection de Christ. Puis il le commente, en disant : « C'est la résurrection de Christ qu'il [David] a prévue et annoncée, en disant qu'il ne serait pas abandonné dans le séjour des morts et que sa chair ne verrait pas la corruption. C'est ce Jésus que Dieu a ressuscité ; nous en sommes tous témoins. Elevé par la droite de Dieu, il a reçu du Père le Saint-Esprit qui avait été promis, et il l'a répandu comme vous le voyez et l'entendez » (Actes 2.31-33).

C'est là une bonne nouvelle et pour la vie terrestre et pour la vie éternelle. Nous avons maintenant le Saint-Esprit présent avec nous, selon Actes 2.33, mais nous avons aussi l'espérance de fa vie éternelle, car Jésus Lui-même a dit : « Car je vis, et vous vivrez aussi » (Jean 14.19b). Cette espérance est l'ancre sûre de notre âme (Hébreux 6.19).

Quelle espérance glorieuse ! Quel héritage merveilleux !

Questions à discuter :

- *Qu'implique le fait que Dieu est saint ? (Voyez Lévitique 19.2 et 1 Pierre 1.15-16.)*
- *Comment pouvons-nous être sûrs de pouvoir accomplir la volonté de Dieu concernant la sanctification ? (Voyez 1 Thessaloniciens 5.24 et Philippiens 2.13.)*

Leçon 3

L'EXPERIENCE DU REPOS

PASSAGE BIBLIQUE SUR LA LEÇON

Psaume 37

VERSET À MÉMORISER

« Venez a moi, vous tous qui êtes fatigues et charges, et je vous donnerai du repos. » (Matthieu 11.28)

LECTURE QUOTIDIENNE

L - PSAUME 32, LE REPOS DANS LE PARDON
M - PSAUME 33.10-22, DIEU PREND SOIN DE NOUS
M - PSAUME 34.1-10, LA REPONSE DE DIEU
J - PSAUME 35.11-15, UNE BONNE CONSCIENCE
V - PSAUME 36, LA GRANDE BONTE DE DIEU
S - PSAUME 38.9-22, LE REPOS DANS L'ESPOIR
D - PSAUME 39.1-5, LA LANGUE CONTROLEE

BUT DE LA LEÇON

Découvrir les moyens de cultiver le repos de Dieu.

INTRODUCTION

Quelle est votre réaction quand le méchant semble prospérer et que vous voyez le juste souffrir ? Le Psaume 37, objet de la leçon aujourd'hui, traite de cette situation particulière qui est du reste, pleine d'intérêt.

Ce psaume est arrangé comme un acrostiche, employant des versets de deux lignes (diptyques) qui, pris ensemble donnent un sens complet. Dans la langue originale (hébreu), chaque couplet de ce psaume commence par une lettre de 'alphabet, d'où nom de psaume alphabétique. L'alphabet hébreu comporte 22 consonnes et pas de voyelles. Les psaumes 119 et 145, entre autres, sont des psaumes alphabétiques.

Il y a dans ce psaume un commandement qui se répète à trois reprises aux versets 1,7 et 8 : « N'irrite pas. » Bien que cela soit difficile nous sommes conviés à attendre patiemment, à nous confier en Dieu et à ne pas nous inquiéter. Une telle attitude est assez difficile quand nous faisons face à l'injustice, à l'oppression et aux frustrations, mais elle produit à. long terme des résultats très bénéfiques.

Notre leçon se développe en trois points :

I. Obstacles au repos spirituel Psaume 37.1-2

II. Aides pour le repos spirituel — Psaume 37.3-7

III. L'e sort du juste — Psaume 37. 23-29 ; 39-40

I. OBSTACLES AU REPOS SPIRITUEL

Psaume 37.1-2

Nous reposer complètement sur Dieu est le seul moyen de bannir en nous les frustrations et les irritations en face de l'injustice et de l'apparente prospérité du méchant. Notre repos résulte de notre confiance dans la bonté et la justice de Dieu. Mais il y a des obstacles à ce repos. Considérons-en deux.

1. Irritation à cause des méchants — 37.1

Nous ne devons pas être trop frustrés à cause de l'apparente prospérité des méchants. Une telle attitude nous fait perdre de vue le plan de Dieu pour nous. Rappelons-nous que « la colère de l'homme n'accomplit pas la justice de Dieu »' (Jacques 1.20). C'est pourquoi le psalmiste nous encourage en ces termes : « Laisse la colère, abandonne la fureur ; ne t'irrite pas, ce serait mai faire » (37.8).

Nous faisons obstacle au plan de Dieu pour nous, lorsque nous essayons de nous faire justice. Le silence est souvent la meilleure attitude que nous pouvons adopter, quand une situation nous laisse perplexes. Le prophète Jérémie nous assure que « les bontés de l'Eternel ne sont pas épuisées, ses compassions [pour nous] ne sont pas à leur terme » ; c'est pourquoi il juge qu' « il est bon d'attendre en silence le secours de l'Eternel » (Lamentations 3.22, 26).

Quand nous sommes irrités, nous tendons à voir les choses de travers. Jonas en avait fait l'expérience, au cours de son voyage à Ninive. C'est Dieu qui contrôle les événements ; nous devons donc lui faire confiance.

2. Etre envieux de la prospérité des méchants — 37.1

L'envie est souvent la première étape que le juste semble franchir dans la tentation de suivre l'exemple du méchant. On aimerait bien être à la place de celui qui fait le mal, si ce n'est que pour jouir de son confort et de ses richesses. Mais hélas, les envieux sont des malcontents qui ne font pas toujours preuve de vertus personnelles.

L'envie, comme l'irritation ou la colère, est une émotion négative qui nous enlève notre paix et détruit l'influence de notre témoignage, en vue de porter le méchant à changer de conduite. L'apôtre Paul place l'envie en tête de sa liste des fruits de la chair (Galates 5.21) et l'écrivain du livre des Proverbes déclare sans ambages : « L'envie est la carie des os » (Proverbes 14.30).

3. Le châtiment des méchants — 37.2

Le verset 2 nous montre clairement que le sort du méchant n'est pas quelque chose de très enviable, en dépit des apparences. Si « Que sert-il à un homme de gagner le monde entier, s'il perd son âme ? » (Marc 8.36, Segond révisée). Beaucoup de méchants accumulent des richesses dont ils ne peuvent jouir, car la mort vient les ravir. Bien plus, après la mort c'est l'éternité où l'argent ne peut rien acheter. Face à Dieu et au jugement, le méchant qui meurt dans sa méchanceté voudrait bien donner tous ses biens en échange de la vie éternelle, mais, hélas, c'est bien trop tard.

L'image de l'herbe qui est fauchée et du gazon vert qui se flétrit, après qu'on le foule aux pieds, est très saisissante. N'envions donc pas l'apparente prospérité des méchants. Elle s'évanouira en fumée, laissant son possesseur « dans les ténèbres du dehors, où il y aura des pleurs et des grincements de dents » (Matt. 8.12).

Questions à discuter :

- *Pourquoi l'irritation et l'envie peuvent-elles nous causer des ennuis ?*
- *Pourquoi ta richesse ne peut-elle pas nous rendre heureux ?*

II. AIDES POUR LE REPOS SPIRITUEL

Psaume 37.3-7

John Wesley, le grand prédicateur anglais du 18° siècle, a dit : « Je n'ose pas plus m'irriter que de jurer ou de blasphémer. Il a dit par ailleurs : « Dix mille soucis ne me troublent pas plus que dix mille cheveux sur ma tête. Bien sûr, je ressens parfois certaines choses et je peux même m'attrister en y pensant, mais je ne m'irrite à propos de rien. » C'est là une bonne manière de vivre. Voyons donc ce que nous dit : le psalmiste à ce sujet.

1. « Confie-toi en l'Eternel, et pratique le bien » — 37.3

Un tel commandement est accompagnée d'une promesse, comme la suite du verset 3 nous le montre : « Aie le pays pour demeure et la fidélité pour pâture ».Il y a une bonne raison de croire que ce passage enseigne la confiance dans le Seigneur tant pour l'abri que pour la nourriture. La sécurité et les biens matériels sont, bien sûr, assez importants pour l'homme ; ils peuvent constituer un danger la mesure où nos désirs s'accroissent, à mesure que nous acquerrons davantage. Le plus souvent, plus qu'on a plus on veut en avoir. Le riche s'inquiète- à cause de ses richesses qu'il a peur de perdre, tandis que le pauvre se fait du souci au sujet des nécessites physiques du lendemain, se demandant comment il va les satisfaire. Quelqu'un a observé, avec justesse, que le problème que cause l'argent, c'est qu'il coûte trop. Mais le psalmiste nous invite à nous confier totalement en Dieu qui promet de prendre soin de nous.

Se confier en Dieu ne signifie pas ne rien faire. Nous devons manifester notre confiance en Dieu en pratiquant le bien. Cela signifie se montrer utile au royaume de Dieu. Le souci ou l'irritation doit faire place à l'action positive. N'envions pas les méchants, mais efforçons-nous de bien faire. Dieu pourvoira lui-même à notre protection et à nos-besoins « infiniment au-delà de tout ce que nous demandons ou pensons » (Ephésiens 3.20),

Un prédicateur a expliqué comme suit le rapport entre la confiance et l'action : « Si nous ne nous confions pas en Dieu, nous ne pouvons pas faire ce qui est bien ; et si nous ne désirons pas faire ce qui est bien, nous n'avons point le droit de nous confier en Dieu.

2. « Fais de l'Eternel tes délices » — 37.4

Il s'agit ici de prendre plaisir dans les voies du Seigneur. Il y a une attitude qu'il nous faut combattre, celle qui est faite de plainte et d'arrière-pensée, comme lorsque quelqu'un dit, par exemple : « Si je n'étais pas chrétien, j'aurais beaucoup plus d'argent ; je pourrais jouir de tel ou tel plaisir du monde. » Une telle spiritualité amère détruit l'optimisme, heurte la foi et obscurcit notre témoignage.

Le chrétien qui cherche sincèrement à faire la volonté de Dieu, trouve que cette volonté lui apporte la plus grande satisfaction dans la vie. Dieu prend plaisir à satisfaire les désirs des cœurs de ceux qui Lui appartiennent totalement.

Adam Clarke suggère, à propos des désirs du cœur « L'homme vertueux ne s'abandonne jamais à un désir qu'il ne peut présenter sous forme de prière. » Nos désirs, en tant que chrétien, doivent être des pétitions et des requêtes que nous présentons en prière. Ils concernent les choses les plus importantes de la vie.

3. « Recommande ton sort à l'Eternel » — 37.5

Quelle que soit la situation dans laquelle nous nous trouvons, nous pouvons toujours nous approcher avec assurance du trône de la grâce pour être secourus dans nos besoins (Hébreux 4.16). Ce cinquième verset du Psaume 37 fait écho à ces paroles de l'apôtre Paul aux chrétiens de Philippes : « Ne vous inquiétez de rien ; mais en toutes choses faites connaître vos besoins à Dieu par des prières et des supplications, avec des actions de grâce. Et la paix de Dieu qui surpasse toute intelligence gardera vos cœurs et vos pensées en Jésus-Christ » (Phil. 4.6-7).

« Mets en lui ta confiance, » dit le reste du versets du Psaume 37, « et il agira. » Les témoignages innombrables de ceux qui ont fait la bienheureuse expérience de la délivrance miraculeuse que Dieu leur a accordé dans les moments difficiles, témoignent de la véracité de ce verset.

4. « Il fera paraître ta justice comme la lumière » — 37.6

C'est Dieu qui dirige les événements. Nos défaites apparentes ne sont que temporaires. Le bien finit toujours par triompher pour ceux qui sont du côté de Dieu. Notre devoir est de demeurer intègre ; le Seigneur nous fera justice au temps convenable.

Personne ne peut faire obstacle au plan de Dieu pour nous — sauf nous-mêmes peut-être. Nos détracteurs finiront bien par perdre la face quand Dieu manifeste l'abondance de sa grâce et de sa justice en nous. Notre droit sera « comme le soleil à son midi » (37.6b).

5. « Reste en silence devant le Seigneur ; attends-le avec patience » (37.7, La Bible en français courant).

Quelques-uns des plus magnifiques secrets de Dieu ne sont découverts que dans l'endroit tranquille de la contemplation et du repos. Dieu s'attend à ce que nous nous reposions en lui et que nous nous attendions à lui avec patience. Il est bon de se rappeler (es paroles de réconfort et de promesse du prophète Ésaïe : « C'est dans la tranquillité et le repos que sera votre salut, c'est dans le calme et la confiance que sera votre force » (Ésaïe 30.15).

S'attendre patiemment à Dieu n'est ni de la magie ni le refus d'agir, mais plutôt la marque de la plus profonde confiance en Dieu. Nous sommes libres d'attendre et de nous reposer, parce que nous savons que Dieu dirige les événements.

Question à discuter :

- *Comment pouvons-nous résister à la tentation d'envier la prospérité du méchant, de nous inquiéter à propos de choses qui échappent à notre contrôle et de l'impatience concernant les délais dans la providence divine ?*

III. LE SORT DU JUSTE

Psaume 37.23-29 ; 39-40

« A quoi bon, » dirait le moqueur, « pratiquer la justice, si nous n'en tirons aucun profit. » Eh bien, le Psaume 37 est là pour nous rappeler que le sort du juste est bien plus enviable que celui du méchant.

1. Le juste est assuré de la protection de Dieu — 37.23-24

Quand le texte dit que Dieu affermit les pas de l'homme (37.23), il faut sous-entendre l'homme qui craint l'Eternel et prend plaisir à observer ses commandements. Trébucher ou tomber par terre est une chose, être terrassé en est une autre. Quand on est terrassé, on ne peut pas se relever, car l'adversaire vous maintient le dos par terre et vous êtes complètement à sa merci. Le juste qui, pour une raison ou pour une autre, chancelle n'est pas terrassé, « car l'Eternel lui prend la main » (37.24).

2. Dieu n'abandonne jamais les siens — 37.25-29

Il y a une série de répétitions du verset 25 au verset 29. Elles ne sont pas gratuites, mais entendent nous rappeler quelque chose de très important : « Je ne me lasse point de vous écrire [répéter] les mêmes choses, et pour vous cela est salutaire », disait l'apôtre Paul aux chrétiens de Philippes (Phil 3.1).

L'essential des versets 28-29 se trouve au verset 25 : « J'ai été jeune, j'ai vieilli, et je n'ai point vu le juste abandonné ni sa postérité mendiant son pain. » Le juste peut avoir des difficultés de toutes sortes, mais il n'est jamais complètement démuni au point que ses enfants soient réduits à la mendicité. C'est donc avec assurance que nous pouvons dire : « Il [l'Eternel] n'abandonne pas ses fidèles ; ils sont toujours sous sa garde » (Psaume 37.28).

3. Le salut de l'Eternel — 37.39-40

Amasser beaucoup d'argent, accumuler des richesses ne peut pas nous sauver. Il ne s'agit pas d'être épargne de la mort physique, mais d'être sauvé de fa mort spirituelle, cette terrible séparation d'avec Dieu. Il est bon de savoir que notre salut vient de l'Eternel (37.39). Cela fait écho aux paroles de l'apôtre : « C'est par la grâce que vous êtes sauvés, par le moyen de la foi. Et cela ne vient pas de vous, c'est le don de Dieu » (Ephésiens 2.8).

Oui, ('Eternel délivre ceux qui cherchent en lui leur refuge (37.-40b).

Question à discuter :

Le psalmiste témoigne n'avoir jamais vu un juste abandonné par Dieu ou sa postérité réduite à la mendicité. Pouvez-vous confirmer ce témoignage dans votre vie ou dans la vie de personnes auxquelles vous êtes intimement lié ?

Leçon 4

L'ANTIDOTE À LA DEPRESSION

PASSAGE BIBLIQUE SUR LA LEÇON

Psaume 42

VERSET À MÉMORISER

« Mais Dieu, qui console ceux qui sont abattus, nous a consolés par l'arrivée de Tite » (2 Corinthiens 7.6).

LECTURE QUOTIDIENNE

L - PSAUME 40.2-6, TIRE DES PROFONDEURS
M - PSAUME 40.7-12, EXPRIMANT LA DELIVRANCE
M - PSAUME 41.2-4, S'OCCUPANT DU PAUVRE
J - PSAUME 43, OPPRESSION ET VICTOIRE
V - PSAUME 46, UNE PUISSANTE FORTERESSE
S - PSAUME 47, ROI DE TOUT
D - PSAUME 48, LA CITE DE DIEU

BUT DE LA LEÇON

Nous aider à mieux comprendre la disponibilité du réconfort divin dans les moments de détresse.

INTRODUCTION

Avec le Psaume 42 nous entrons dans la deuxième partie du livre des Psaumes. C'est le premier des dix psaumes attribués aux « fils de Koré. » Koré était un Lévite qui s'était rebellé contre Moïse dans le désert. Ses descendants ont occupé diverses fonctions, y compris celle de la musique sacrée dans le temple.

Les circonstances imprévisibles de cette vie viennent souvent nous apporter de la tristesse, du désappointement, des frustrations et de la peine. La perte temporaire de notre travail, un tragique cher, des déconvenues dans le ménage, les effets néfastes de la délinquance juvénile, etc., peuvent briser notre âme et nous plonger dans la dépression. Que faire dans de pareilles circonstances ?

La vie du croyant n'est pas un lit de rose, ni une journée toute ensoleillée. Mais, en dépit des circonstances adverses, il peut trouver dans les compassions divines le réconfort dont il a besoin pour poursuivre son pèlerinage. Tel est le message du Psaume 42.

Notre développement comporte les points suivants :

I. La réalité du désespoir – Psaume 42.2-8

II. Le remède au désespoir – Psaume 42.9-12

I. LA REALITE DU DESESPOIR

Psaume 42.2-8

Joie et tristesse, espoir et désespoir, exaltation et dépression, ce sont là des faits de la vie que nous ne pouvons ignorer. Mais le psalmiste, tout en reconnaissant la réalité de ces aspects négatifs de la vie, est convaincu que Dieu pourvoira a la victoire malgré la tempête qui fait rage autour de nous. La fois nous aide à surmonter la douleur, au sein même de notre désespoir. Comme l'a dit quelqu'un, avec l'aide de Dieu, « nous pouvons supporter l'insupportable, accomplir l'impossible, passer le point de fusion et ne pas fondre. »

1. La soif du Dieu vivant — 42.2-3

Où puis-je trouver Dieu quand je suis désappointé ? Où est Dieu lorsqu'il m'est difficile de croire et de prier ? « Mon âme soupire après toi, ô Dieu ! » dit le psalmiste comme une réponse à nos questions. Soupirer après Dieu indique une profonde conviction de la proximité de Dieu, même si un voile semble nous séparer temporairement de lui. Sur la Croix, agonissant, Jésus ne douta point de la réalité de Dieu, mais poussa plutôt le fameux angoisse : « Mon Dieu, mon Dieu, pourquoi m'as-tu abandonné ? » Matt. 27.46). Mais ce cri du cœur, fut bientôt suivi par un autre plein d'humilité et de soumission : « Père, je remets mon esprit entre tes mains » (Luc 23.46). .

Le psalmiste ajoute : « Mon âme a soit de Dieu, du Dieu vivant » (42.3). Pas d'un Dieu imaginaire qui ne saurait nous écouter, mais le Dieu vivant qui peut produire en notre âme la soif par son absence apparente. Notre douleur ; quand nous la subissons, est réelle. Le Dieu que nous, servons est tout aussi réel. Et plus notre souffrance est intense, plus la tentation est forte de nier Dieu et de nous laisser entraîner dans le désespoir.

Mais la souffrance peut porter le vrai croyant à se rapprocher davantage de Dieu. Rappelons l'histoire de Job. Ayant tout perdu, Job reçut la suggestion de sa femme de maudire Dieu et d'affronter la mort sans aucun espoir (Job 2.9). La réponse du serviteur de Dieu manifesta son intégrité et sa confiance en Dieu (Job 2.10). La suite du verset nous apprend qu'« en tout cela Job ne pécha point. » Poussé à bout par ses amis qui voulait le porter à confesser un crime quelconque, Job prononça les paroles inspirées suivantes :

« Et moi, je sais que mon vengeur est vivant,
Et qu'il s'élèvera le dernier sur la poussière.
Et quand, après ma peau, ce reste aura été détruit,
Mes yeux le verront, et non pas comme un étranger !
Mes reins se consument d'attente au dedans de moi. »

— (Job 19.25-27, Bible annotée)

Avoir soif de Dieu, est la marque d'une vraie foi qui ne se satisfait point de ce que les yeux de la chair voient, mais désire plutôt les choses que seul le Dieu vivant peut accorder. Et Jésus nous apprend : « Heureux ceux qui ont faim et soif de la justice, car ils seront rassasiés ! » (Matt. 5.6).

2. Faire face à la dépression spirituelle — 42.4-8

Le verset 4 nous parle de larmes que nous versons jour et nuit quand nous sommes déprimés et abattus. Mais ce qui rend la dépression plus terrible, ce sont les paroles des moqueurs qui nous demandent sans cesse : « Où est ton Dieu ? » (42.4b).

Comment combattre de telles pensées négatives quand nous faisons face à des difficultés réelles dans notre vie ? Nous pouvons utiliser les suggestions suivantes du psalmiste :

a. Nous devons nous rappeler les périodes de joie et de bonheur (42.5). Tout comme notre souffrance est réelle, de même notre joie l'est aussi. Quand les pressions de la vie semblent vous écraser, ouvrez par la pensée le livre de ces moments de joie et d'allégresse. Ces moments ne sont pas à jamais perdus.

Le prophète Jérémie, nous fait part, dans ses Lamentations, d'une situation pareille. Il était abattu au point de penser au suicide. Mais il s'est mis à repasser dans son cœur des choses qui pourraient lui redonner de l'espoir. Il a alors compris que « les bontés de l'Eternel ne sont pas épuisées » et que « ses compassions ne sont pas à leur terme ». C'est pourquoi, il a pu s'écrier : « Oh ! que ta fidélité est grande ! » (Voyez Lamentations 3.19-23.)

b. Nous devons mettre toute notre confiance en Dieu (42.6-8). Nous n'avons pas toujours les réponses aux questions de la vie ; et lors même que nous les aurions, cela ne nous rendrait pas nécessairement heureux. Le commencement de toute vraie sagesse passe tout d'abord par la crainte de l'Eternel (Proverbes 1.7).

Le psalmiste a bien conscience du fait que son âme est abattue. Les difficultés sont bien réelles, et notre âme est souvent tentée de désespérer, effrayée qu'elle est par les vagues déferlantes des circonstances adverses (42.8). Mais au milieu de nos vicissitudes, nous pouvons continuer à rendre gloire à Dieu et à nous confier en Lui (42.6).

Dieu a fait la promesse que ceux qui se confient en lui ne seront point confus (Ésaïe 49.23c). Cela veut dire qu'ils n'auront pas besoin de se casser la tête pour répondre aux moqueurs qui demandent. « Où est votre Dieu ? » Dieu lui-même révélera sa puissance en eux, de sorte qu'ils peuvent attendre patiemment son secours (Exode 14.14 ; Lamentations 3.25-26).

Questions à discuter :

- *Que pourrez-vous répondre à celui qui vous dit que Dieu ne peut pas vous aider au milieu de vos difficultés ?*
- *Pourquoi est-il difficile de ne pas paniquer dans les moments de dures épreuves ? Que devons- nous faire dans ces moments-là ?*

II. LE REMÈDE AU DÉSESPOIR

Psaume 42.9-12

Le désespoir affaiblit notre santé spirituelle et mine notre capacité de résistance. Le désespoir est un problème très sérieux, et il nous faut prendre toutes les dispositions nécessaires pour le combattre.

« Tant qu'il y a de la vie, il y a de l'espoir », dit un proverbe. Mais parfois, les choses sont tellement graves que la vie semble être difficile d'être vécue. C'est à ces moments-là que le désespoir s'insinue en nous, et nous murmure de tout laisser tomber.

Nous avons vu précédemment que nous devons espérer en l'Eternel et nous rappeler les jours de joie. Mais il serait bon de considérer les éléments dynamiques qui permettent à cette espérance de produire des résultats positifs dans notre vie.

1. La fidélité éprouvée de Dieu — 42.9-12

Les versets 11 et 12 semblent être une répétition des versets 6 et 7 — comparez-les. D'autre part, le verset 9 semble reprendre l'idée du verset 5 — comparez les. Cela tient au fait du parallélisme typique de la poésie hébraïque.

Ainsi les versets 5 et 9 montrent précisément que la fidélité de Dieu n'est pas quelque chose d'illusoire mais de bien réel. La dépression fait souvent croire au croyant découragé que sa situation désespérée durera pour toujours. Mais la durée de la peine, quelque longue qu'elle paraisse est très courte en comparaison de la longue histoire de la fidélité de Dieu envers son peuple. Quand nous pensons à Jacob dans sa vision à Béthel, tandis qu'il fuyait Esaü, son frère ; à Moïse, au buisson ardent, recevant la révélation et l'appel de Dieu ; à Daniel dans la fosse aux lions et aux trois jeunes Hébreux, Schadrac, Méschac et Abed-Nego jetés dans la fournaise ardente, nous ne pouvons ne pas reconnaitre la fidélité éternelle de Dieu. Les moments de découragement ne doivent pas avoir raison de notre confiance à long terme placée en l'Eternel.

Dieu a agi dans le passé et il agit encore aujourd'hui. Gardons les yeux de notre âme bien ouverts afin que nous puissions contempler sa fidélité. C'est dans cet esprit de reconnaissance de la fidélité de Dieu qu'un écrivain d'hymnes a pu composer les paroles du cantique suivant :

Grand en fidélité ô Dieu mon Père,
Chez toi nulle trace de changement.
Les compassions ne sont pas à leur terme.
Tu restes fidèle éternellement.

Grand en fidélité, grand en fidélité,
Jour après jour tu me tiens par la foi.
Tu as pourvu chaque jour à mes besoins,

Grand en fidélité, Seigneur pour moi.

2. L'importance de notre espérance dans le Dieu vivant — 42.12

Il est très important de placer notre espérance dans le Dieu vivant, car il est notre salut et notre Dieu.

L'espérance est l'élément qui résumé tout le psaume. Celui qui croit en la fidélité de Dieu ne saurait désespoir. Au milieu des tribulations, il peut rester en paix ; mais si le fardeau lui semble trop lourd, il peut adresser ses requêtes au Dieu tout-puissant qui ne permettra jamais que nous succombions à la tentation, mais qui nous accorderais moyens d'y résister victorieusement (1 Corinthiens 10.13).

Dieu est vraiment notre salut. En voici quelques preuves certaines :

a. A moins que Dieu ne sauve, personne ne peut être sauvé. De nombreux textes de l'Ancien Testament témoignent de cette vérité. « Voici, c'est notre Dieu, en qui nous avons confiance, et c'est lui qui nous sauve » (Ésaïe 25.9). Plus loin, le prophète ajoute de la part de l'Eternel :

It n'y a point d'autre Dieu que moi, je suis le seul Dieu juste et qui sauve.

(Ésaïe 45.21, in fine)

b. Le salut que nous recevons en Jésus-Christ est le salut de Dieu. L'apôtre, Paul le dit explicitement dans l'épître aux Romains : « Je n'ai point honte de l'Evangile : c'est une puissance de Dieu pour le salut… » (Rom. 1.16). Dans ses épîtres aux Thessaloniciens, le même apôtre déclare que Dieu nous a destinés à l'acquisition du salut : que c'est Dieu qui vous a choisis pour le salut (1 Thessaloniciens 5.9 ; 2 Thessaloniciens 2.13).

Le grand verset du Nouveau Testament qu'est Jean 3.16 nous parle du grand amour de Dieu qui a envoyé son Fils unique, afin que quiconque croit en lui ait la vie éternelle.

Enfin, l'espérance n'est-elle pas avec la foi et l'amour, l'une des choses qui demeurent ? (1 Cor. 13.13). L'espérance, lorsqu'elle est cultivée dans les périodes d'affliction, produit toujours de l'encouragement.

Questions à discuter :

- *Qu'est-ce qui nous porte à espérer, lorsque les difficultés semblent s'accumuler ?*
- *Sur quoi est fondée votre confiance en Dieu ?*

Leçon 5

LA PRIÈRE D'UN PÉNITENT

PASSAGES BIBLIQUES SUR LA LEÇON

Psaume 51 ; 2 Samuel 11.1 — 12.25

VERSET À MÉMORISER

« La tristesse selon Dieu produit une repentance à salut dont on ne se repent jamais, tandis que la tristesse du monde produit la mort » (2 Corinthiens 7.10).

LECTURE QUOTIDIENNE

L - Psaume 52, Une langue calomnieuse
M - Psaume 55.13-24, Fausse amitie
M - Psaume 56, Ferme en depit de la peine
J - Psaume 63, Avoir soif de Dieu
V - Psaume 65.9-14, Moisson de joies
S - Psaume 67, La puissance salvatrice pour tous
D - Psaume 68.11-21, Benefices quotidiens

BUT DE LA LEÇON

Nous aider à comprendre le subtil attrait de la tentation et la tragédie provoquée par le fait de succomber à la tentation. Nous aider à être conscient du besoin d'être humble et vigilant. Nous aider à renouveler notre appréciation pour la confession et le pardon.

INTRODUCTION

Le Psaume 51, c'est l'histoire d'un homme qui a envoyé un autre homme à la mort après avoir séduit sa femme. C'est aussi l'histoire d'un homme qui, ayant été confronté avec son crime et son péché, s'est repenti, a confessé son péché, a demandé et obtenu le pardon. Cet homme c'est David, roi d'Israël et de Juda, et successeur de Saül.

Le deuxième verset explique partiellement le but de ce psaume. If se lit ainsi : « Lorsque Nathan, le prophète vint à lui [David], après que David fut allé vers Bath-Schéba. » Mais ce psaume a aussi un caractère très général en ce qu'il nous brosse un portrait saisissant de la condition humaine depuis la chute d'Adam et d'Eve. Chacun de nous y est représenté dans ce psaume, car nous sommes tous issus d'Adam (Actes 17.26).

Cette triste épisode de la vie de David est rapportée aux chapitres 11 et 12 du deuxième livre de Samuel. Elle comporte : la tentation et l'adultère (2 Samuel 11.1-6) ; la tentative de tromperie exercée sur Urie, époux de Bath-Schéba (2 Samuel 11.6-13 ; le complot décidé par David pour faire mourir Urie (2 Samuel 11.14-27) ; la visite du prophète Nathan et ce qui s'ensuivit (2 Samuel 12.1-12), la repentance de David et la conséquence de son péché (2 Samuel 12.13-25).

Le Psaume 51, c'est aussi l'histoire de notre humanité déchue à cause du péché d'Adam et Eve, une humanité qui soupire après le pardon et la sanctification.

Notre leçon suit le développement suivant :

I. Le péché : un terrible cancer — Psaume 51.1-7

II. Le salut : un fait glorieux — Psaume 51.8-12

III. Le service : un joyeux résultat — Psaume- 51.13-15

I. LE PÉCHÉ : UN TERRIBLE CANCER

Psaume 51.1-7

Rappelons-nous la phrase célèbre du poète anglais John Donne (1573- 1631) : « Aucun homme n'est une île. » Nous dépendons les uns des autres, et nos actions bonnes ou mauvaises — affectent les vies de ceux qui nous entourent : parents, amis, compagnons de travail, etc. L'arrière-plan du Psaume 51 montre que les autres subissent, d'une manière ou d'une autre, les effets néfastes de nos transgressions. David pécha et il a dû en subir les conséquences. Mais Urie, Bath-Scheba, l'enfant né de l'union illicite et la nation d'Israël ont aussi souffert de péché à des degrés divers.

L'apôtre Jacques nous présente le scénario du péché et de ses funestes conséquences d'une manière succincte : « Chacun est tenté quand il est attiré et amorcé par sa propre convoitise. Puis la convoitise, lorsqu'elle a conçu, enfante le péché ; et le péché, étant consommé produit la mort » (Jacques 1.14-15). Tentation, convoitise, péché, mort ; ce scénario se répète chaque fois que nous désobéissons aux commandements divins.

A. Confession et requête de pardon — 51.3-6

1. Rébellion contre Dieu — 51.3, 6

Lorsque David se rendit compte de l'énormité de son péché, il le confessa immédiatement et rechercha le pardon de Dieu. « J'ai péché contre l'Éternel » admit-il au prophète Nathan (2 Samuel 12.13). Cela doit être le cri de toute personne qui désire obtenir le pardon de Dieu. La confession et la repentance précède le pardon.

Les autres peuvent souffrir de notre transgression, mais nous devons reconnaître en premier lieu que c'est Dieu que nous avons offensé (51.6).

2. Péché et iniquité — 51.4-5

La première partie du verset 4 — « Lave-moi complètement de mon iniquité » — indique que David était conscient du fait que tout son être était souillé par le péché. Quand on se lave, on prend soin de se nettoyer complètement, et alors on peut dire qu'on est propre. Dieu seul peut nous purifier entièrement de toute souillure, et nous laver avec une eau pure, l'eau de sa grâce (Ezéchiel 36.25). Ce lavage est absolument nécessaire si nous désirons paraître en sa présence sans crainte ni peur,

David déclare en outre : « Je reconnais mes transgressions, et mon péché est constamment devant moi » (51.5). F.B. Meyer, le grand prédicateur anglais, nous dit au sujet de ce verset : « Le pluriel 'transgressions' est...remplacé par le singulier 'péché', parce que tous les crimes successifs qui se sont accumulés dans son âme étaient comme les branches rattachées à un même tronc. »

B. Responsabilité individuelle — 51.5

David, après avoir entendu l'accusation prononcée par le prophète Nathan, de la part de l'Éternel, rentre en lui-même et reconnaît qu'il a péché. Il ne blâme ni Bath-Schéba ni les circonstances ; il ne s'excuse pas. « Je reconnais mes transgressions, et mon péché est constamment devant moi » (51.5).

L'emploi du pronom possessif souligne le caractère personnel et individuel du péché. Blâmer les autres et les circonstances ne nous avance nullement dans la faveur et la grâce divines. La confession personnelle de ses péchés est la première étape conduisant au pardon divin.

C. Le caractère héréditaire du péché — 51.7

Bien que David ne rejette le blâme sur personne d'autre que lui-même, il ne peut cependant s'empêcher de reconnaître aussi le caractère héréditaire du péché. « Voici, je suis né dans l'iniquité, et ma mère m'a conçu dans le péché » (51.7). La version de l'Ecole Biblique de Jérusalem rend ainsi ce verset : « Vois : mauvais je suis né, pécheur ma mère m'a conçu. »

Nous avons dans ce verset l'affirmation succincte, mais claire et précise, de la doctrine du péché originel qui frappe toute la race humaine, comme une maladie qui se transmet de père en fils et de génération en génération. L'apôtre Paul, dans son épître aux Romains reprend cette affirmation et la précise de manière définitive : « C'est pourquoi, comme par un seul homme le péché est entré dans le monde, et par le péché la mort, et qu'ainsi la mort s'est étendue sur tous les hommes, parce que tous ont péché » (Rom. 5.12, c'est nous qui soulignons).

Cela ne veut pas dire que chaque enfant qui naît est totalement mauvais, et tombe nécessairement sous la condamnation s'il vient à mourir en bas âge. Cela signifie que tout enfant naît avec une certaine tendance à pécher, à désobéir. Comme l'a dit quelqu'un : « Avant la Chute, l'homme était capable de ne pas pécher ; après la Chute, il n'était plus capable de ne pas pécher. »

Nous ne comprenons pas comment le péché s'est transmis, mais nous pouvons facilement le constater dans la trame de l'existence humaine. Heureusement que l'homme a la possibilité de la repentance qui conduit au pardon.

Questions à discuter :

- *Le roi David était coupable d'adultère et de meurtre ; Judas était coupable de trahison. Qu'est-ce qui différence ces deux hommes ?*
- *Nous disons qu'un enfant commence à différencier le bien du mal après avoir atteint l'âge de raison (entre 5 et 7 ans environ). Qu'en est-il des enfants qui meurent avant d'avoir atteint l'âge de raison ?*
- *Que répondrez-vous à quelqu'un qui vous dirait qu'il n'a jamais péché ?*

II. LE SALUT : UN FAIT GLORIEUX

Psaume 51.8-12

Ce psaume rend évident, il est vrai, les terribles conséquences du péché, mais il présente aussi clairement la glorieuse rédemption pourvue par Dieu.

David dût accepter la mort du premier enfant que lui donna Bath-Schéba. Mais il reçut le pardon et Dieu lui accorda un autre fils, en la personne de Salomon.

A. L'importance de la vérité — 51.8

Il ne s'agit pas de la vérité du bout des lèvres, mais de la vérité « au fond du cœur ». Nous ne pouvons cacher réellement nos péchés à Dieu qui nous voit clairement au sein des ténèbres les plus épaisses (Psaume 139.11-12), Nous devons donc nous présenter devant Dieu tels que nous sommes afin qu'il puisse accomplir son œuvre rédemptrice en nous.

Le psalmiste sachant qu'il lui est très difficile, voire impossible, de faire la volonté de Dieu de son propre gré, sollicite la sagesse divine (51.8b). C'est une sollicitation importante, car la possession de la selon Dieu aide à demeurer dans la voie après l'avoir trouvée.

Vérité et sagesse vont la main dans la main. Quand le cœur en est rempli, l'âme peut jouir de la présence de Dieu et se préserver du mal.

B. L'importance de la sanctification —

1. Le symbolisme de l'hysope

L'hysope mentionnée au verset 9, est une plante aromatique originaire d'Égypte et di Palestine. L'hysope « était utilisée dans l'aspersion du sang expiatoire (Ex. 12.22) et pour la purification d'un lépreux (Lev. 14.4-7). L'emploi d'hysope est ici symbolique. Le psalmiste sait qu'au de la de l'acte cérémonial représenté par l'hysope, dont les vertus curatives étaient d'ailleurs reconnues, c'est Dieu qui accomplit l'œuvre de purification intérieure.

2. Le symbolisme de la neige

Être « plus blanc que la neige » (51.9b) est un souhait que tout enfant de Dieu voudrait voire réaliser dans sa vie. Dans les pays où la neige tombe en hiver, c'est vraiment un spectacle magnifique que d'observer la première tombée de neige. En quelques heures, le sol se couvre d'un magnifique tapis blanc floconneux. Hélas, quand les pieds et les chariots et les voitures commencent à circuler, la neige perd à peu sa blancheur.

Mais le psalmiste voudrait être plus blanc que la neige, c'est-à-dire posséder une pureté intérieure que seul Dieu peut accorder et qui dure. La Bible nous apprendre qu'une telle pureté est possible et disponible. « Que le Dieu de paix vous sanctifie lui-même tout entiers, et que tout votre être, l'esprit, l'âme et le corps, soit conservé irrépréhensible, lors de l'avènement de notre Seigneur Jésus-Christ ! Celui qui vous a appelés est fidèle, et c'est lui qui le fera » (2 Thessaloniciens 5.23-24). Les passages suivants font état de la même possibilité et disponibilité : Lévitique 19.2 ; 1 Pierre 1.15-16 ; 1 Thessaloniciens 4.3-7.

La sanctification c'est l'œuvre du Saint-Esprit de Dieu en nous. Elle est précédée par la repentance et la conversion. Seuls ceux qui ont confessé leurs péchés et s'en sont détournés peuvent s'attendre à la sanctification du cœur.

C. L'importance de l'esprit bien disposé — 51.126

Notons que le psalmiste supplie Dieu tout d'abord de créer en lui un cœur pur, c'est-à-dire de remplacer le vieil homme par l'homme nouveau. Puis il demande à Dieu dé renouveler en lui un esprit bien disposé. Renouveler c'est remettre en place ce qui était présent autrefois, c'est faire revivre avec plus- dé vigueur et de ferveur.

Cette bonne disposition que le psalmiste possédait avant de pécher si honteusement, il voudrait la retrouver, Un esprit bien disposé est prompt à écouter, est lent à parler et lent à se mettre en colère (Jacques 1.19). C'est un esprit de douceur, de sagesse, de compassion, de crainte de Dieu. C'est un esprit qui est sensible aux recommandations de l'Esprit-Saint.

Questions à discuter :

- *Quelle est l'importance de la sanctification dans le plan du salut ?*
- *Peut-on être sanctifié avant d'être converti ? Pourquoi ou pourquoi pas ?*

III. LE SERVICE : UN JOYEUX RÉSULTAT

Psaume 51.13-15

Oh ! la joie d'un esprit régénéré, l'allégresse d'un cœur sanctifié, le bonheur d'une âme purifiée. Mais la personne qui bénéficie du pardon et de la purification de Dieu ne peut demeurer oisive.

Son esprit bien disposé ayant été renouvelé (51.12b) et étant soutenu par un esprit de bonne volonté (51.14b), le psalmiste David est prêt maintenant à annoncer aux autres pécheurs la bonne nouvelle du pardon et du salut que Dieu procure. « J'enseignerai tes voies à ceux qui les transgressent, et les pécheurs reviendront à toi » (51.15).

A. Annoncer les voies de Dieu — 51.15a

« Les voies de Dieu sont parfaites, la parole de l'Eternel est éprouvée... » (Psaume 18.31a). Fort de cette certitude, l'enfant de Dieu a pour devoir de faire connaître aux autres |a bonne nouvelle. Bien plus, il peut leur en donner la preuve dans sa vie personnelle transformée par la grâce de Dieu.

La femme samaritaine de Jean ch. 4 est un exemple typique du désir de partager avec les autres ce que l'on a reçu. Après avoir reçu l'eau de la vie, près de la fontaine où elle était venue puisée de l'eau, elle s'en alla raconter aux gens de son village ce qui lui était arrivé (Jean 4.28-29).

B. Porter les pécheurs à revenir à Dieu — 51.15 b

David croit que l'enseignement de la voie droite aux autres peut les porter à revenir à Dieu. La femme samaritaine de Jean ch. 4 avait cru la même chose. C'est pourquoi elle s'empressa d'aller raconter aux gens de son village les détails de son entrevue avec celui qu'elle croyait être le Christ, c'est-à-dire le Messie promis qui viendrait guérir et libérer les âmes des hommes (Ésaïe 61.1-3).

Le résultat de la démarche de la Samaritaine a été des plus positifs. Plusieurs de ses voisins et voisines crurent en Jésus-Christ à cause de son témoignage et après avoir entendu eux-mêmes Jésus exposer son message. Grâce à elle Jésus put trouver en Samarie des oreilles attentives et obéissantes (Jean 4.39-42).

Questions à discuter :

- *Pourquoi est-il important de partager avec les autres la bonne nouvelle du salut ? (Voyez Romains 10.9-10, 1.4.)*
- *Quelles instructions personnelles avez-vous tirées du « psaume du pénitent » ?*

Leçon 6

DU DOUTE À LA CERTITUDE

PASSAGE BIBLIQUE SUR LA LEÇON

Psaume 73

VERSET À MEMORISER

« J'estime que les souffrances du temps présent ne sauraient être comparées à la gloire à venir qui sera révélée pour nous » (Romains 8.18)

LECTURE QUOTIDIENNE

L - PSAUME 70, SEIGNEUR, HATE-TOI DE NOUS VENIR EN AIDE
M - PSAUME 77.1-17, L'ABIME DU DESESPOIR
M - PSAUME 82, N'ENVIE PAS LE MECHANT
J - PSAUME 84, LES DESIRS SATISFAITS
V - PSAUME 85, MAUVAISE PRESOMPTION
S - PSAUME 86, AU MILIEU DE L'EPREUVE
D - PSAUME 87,2 JERUSALEM PATRIE SPIRITUELLE DE TOUS LES PEUPLES

BUT DE LA LEÇON

Nous aider à comprendre que la prospérité n'est pas la mesure de l'approbation de Dieu.

INTRODUCTION

Le psaume 73 marque le début de la troisième partie du livre des Psaumes, allant du Psaume 73 au Psaume 89. Asaph, l'auteur des onze premiers psaumes de cette section, était « chef d'une des 3 familles de musiciens charges de jouer et de chanter devant Dieu. » (Nouveau dictionnaire biblique, p. 61).

Cette leçon n'est pas sans nous rappeler la leçon 3 traitant, du Psaume 37, à propos du semblent de bonheur dont jouit le méchant. (Veuillez revoir cette leçon.) Voir le juste souffrir et le méchant prospérer n'est pas réjouissant pour celui qui veut servir Dieu et Lui obéir. Il se pose parfois même des questions qui indiquent une certaine perplexité. Asaph s'exclamera plein d'amertume : « C'est donc en vain que j'ai lave mes mains dans l'innocence » (73.13). Une telle exclamation peut conduire au désespoir et a l'apostasie. Quoi de plus facile que de rejoindre le camp des méchants, puisqu'ils semblent jouir du bonheur !

Heureusement que le psalmiste s'est rattrapé à temps (73.21-23). Le Psaume 73 comporte deux éléments importants de la vie chrétienne victorieuse. Premièrement, Dieu est digne de notre confiance absolue fondée sur sa fidélité historique (73.1). Deuxièmement, nous devons régulièrement à la lumière de la confiance que nous plaçons en Dieu (73.2).

Notre leçon suit le développement suivant :

I. Les apparentes contradictions de la vie — Psaume 73.4-16

II. Les doutes du croyant — Psaume 73.2, 13, 21-22

III. La foi rétablie — Psaume 73.1, 17-20, 23-28

I. LES CONTRADICTIONS APPARENTES DE LA VIE

Psaume 73.4-16

L'introduction du Psaume 73 peut être considéré comme une conclusion, car le psalmiste n'a affirmé le contenu du verset 1 qu'après une certaine lutte intérieure. Cette lutte était causée par certaines contradictions qu'il lui a semblé déceler entre le sort du juste et celui du méchant. Ces contradictions lui semblaient si injustes — les méchants semblaient être si heureux et les justes si malheureux — qu'il s'est mis à envier le sort de ceux qui font le mal. .

A. Les attraits fallacieux de la méchanceté — 73.4-12

Le mal a des attraits pernicieux. Mille et une possibilités se présentent à nous, les unes plus miroitantes que les autres amorçant nos désirs les plus secrets. Et ceux qui « réussissent » dans la méchanceté nous semblent souvent si heureux que la tentation se fait très forte de suivre leur exemple.

Qu'est-ce qui rendent les méchants si sûrs d'eux-mêmes et si orgueilleux ?

1. L'absence de toute crainte de jugement — 73.4

Les méchants n'ont aucune crainte de Dieu et de ses jugements. Ils font peu cas de leur conscience qui, à force d'être ignorée et réprimée, finit par ne plus tirailler. « Rien ne les tourmente.. » (73.4). Les méchants veulent et peuvent agir à leur guise. Rien ne les retient. Ils glissent sur la voie du mal comme la rivière qui se jette à la mer.

2. Le manque de compassion — 73.5

Seul un être rempli de compassion peut avoir vraiment part aux souffrances humaines. Le verbe compatir duquel dérive le mot compassion signifie littéralement « souffrir avec ». Or, les méchants ne cherchent que leurs avantages personnels, utilisent tous les moyens pour parvenir à leurs fins, sans tenir compte des besoins du reste des hommes.

Mais, cela ne veut pas dire que les méchants sont exempts des maux qui frappent le reste des hommes. Pas du tout ; car de même que la pluie tombe sur les bons comme sur les méchants, de même que le soleil luit sur les bons comme sur les méchants (Matt. 5.45), ainsi la maladie, les accidents et les autres tracas de la vie sont le lot de tous les hommes — des bons comme des méchants. Toutefois, les méchants à cause de leur mangue de compassion semblent former une classe à part. Quand les autres souffrent autour d'eux, ils semblent s'en réjouir, vaquant à leurs activités comme si de rien n'était. Bien plus, leur dureté de cœur, les porte souvent à faire souffrir les autres.

3. L'usage de la violence et de l'oppression — 73.6-8

La richesse et le pouvoir sont deux choses que les méchants veulent posséder, et leurs armes favorites sont la violence et l'oppression. Or, la violence et l'oppression, s'ils permettent aux méchants de s'enrichir rapidement, causent en même temps du tort et de la souffrance aux pauvres et aux faibles sans défense.

De cette façon, les méchants au lieu d'aider à alléger les peines des hommes contribuent à les augmenter.

B. La perplexité du croyant — 73.3, 14

Les méchants semblent tout avoir richesses, pouvoir, santé ; et le croyant

Se demander à quoi faire le bien. En comparaison, sa situation lui semble bien minable. Chaque jour je suis frappe tous les matins mon châtiment est là.

Que veut dire le psalmiste au verset 14 ? Ce verset s'explique à la lumière de verset 3. Ce n'est pas que le croyant soit complètement démuni ; mais en se comparait a ceux qui font le mal ; il se voit pauvre et manquant des choses qui rendent la vie aisée. Le méchant vit dans l'opulence, alors que le croyant a de la peine à joindre les deux bouts. Toutes les portes du succès s'ouvrent au méchant, alors que personne ne semble prêter attention à l'homme honnête.

Ainsi, le bonheur du méchant est la cause principale de la perplexité du psalmiste. « Car je portais envie aux insensés en voyant le bonheur des méchants » (Psaume 73.3).

Cette perplexité se complique par le fait que le croyant ne peut pas s'expliquer une telle situation contradictoire, d'une part (73.16) et qu'il sait d'autre part, qu'imiter le méchant c'est pécher. Car, pense-t-il, « si je disais : je yeux parler comme eux, voici, je trahirais la race de tes enfants » (73.15). Trahir la race des enfants de Dieu, c'est tourner le dos aux principes du bien ; c'est renier la justice pour se ranger dans le camp de l'iniquité ; c'est devenir soi-même un méchant, ce qui est impensable et horrible !

Quand on envie le soi-disant bonheur des méchants, on est place dans un dilemme.

Questions à discuter :

- *Avez-vous jamais porté envie au bonheur des méchants ? Si oui, quelle en a été la raison principale ?*
- *Qu'est-ce qui rend le méchant si riche et si insensible aux souffrances d'autrui ?*

II. LES DOUTES DU CROYANT

Psaume 73.2, 13, 21-22

La perplexité conduit souvent au doute, et le doute peut endommager sérieusement notre foi au point que nous pouvons même le perdre.

« Toutefois, mon pied allait fléchir, mes pas étaient sur le point de glisser » (73.2). Ayant porté envie au soi-disant bonheur des méchants et ne pouvant résoudre l'apparente contradiction qui s'est présentée à lui, le psalmiste s'est mis à douter de sa foi en Dieu et de la valeur de la pureté du cœur et de la pratique du bien. Le croyant court alors le danger de perdre contact avec la vraie réalité de la vie.

A. L'exemple de Job

Il faut avoir fait l'expérience du doute et de la perplexité pour comprendre les agitations d'une âme vertueuse qui tout à coup pense que c'est en vain qu'il pratique la justice et fait ce qui est bien (73.13). Job s'est trouvé dans cette situation-là et les pressions extérieures étaient assez fortes peur le porter à renier Dieu et se laisser aller au désespoir (Job 1.11 ; 2.9). Et même dans son for intérieur, il se demandait pourquoi toutes ces calamités le frappaient si soudainement et si violemment (Job 30.16-31).

B. Le doute et la foi

Heureusement que le psalmiste s'est rattrapé à temps. La réalité de la situation dangereuse dans laquelle se trouve le méchant, lui a fait prendre conscience de son propre bonheur plus solide et plus certain que celui du méchant. C'est pourquoi il a admis que douter de Dieu et de sa bonté, c'est manifester de la stupidité et du manque d'intelligence, c'est même se ravaler au niveau des bêtes (Psaume 73.21-22).

Ainsi donc, douter peut produire des résultats positifs, dans la mesure où nous doutons avec un cœur sincère qui a besoin d'être rassuré et de voir la lumière. Ce cœur s'écrie : « Je crois ! viens au secours de mon incrédulité ! » (Marc 9.24). « Dans le doute on s'abstient », dit un proverbe. Prendre une décision finale au milieu du doute, c'est agir en insensé.

Beaucoup de chrétiens ont fait naufrage par rapport à la foi à cause des difficultés qu'ils ont eu à comprendre certains passages de la Bible. Le problème du mal dans le monde et de l'apparent silence de Dieu face à l'oppression et à l'injustice ont porté beaucoup de croyants à succomber à la tentation insidieuse du malin qui leur pose la même question qui a entraîné la séduction d'Adam et d'Eve. Cette question se retrouve au livre de la Genèse : « Dieu a-t-il réellement dit... » (Genèse 3.1).

Les promesses de Dieu sont certaines et véritables. Il a réellement dit qu'il ne nous laissera pas succomber à la tentation, si nous lui faisons confiance (1 Cor. 10.13).

Questions à discuter :

- *A quel moment notre doute peut-il nous conduire au reniement ?*
- *Quelles leçons pouvons-nous tirer de l'expérience de Job ?*
- *Dans quelles conditions notre doute peut-il amener des résultats positifs ?*

III. LA FOI RÉTABLIE

Psaume 73.1, 17-20, 23-28

Au milieu de son doute, le psalmiste s'est mis à réfléchir. Mais plus il réfléchissait, plus la difficulté lui paraissait grande (73.16). Chercher à résoudre certains problèmes par la raison humaine nous enfonce souvent beaucoup plus dans l'incertitude.

Heureusement que le psalmiste savait où se tourner lorsque la raison humaine faisait défaut.

A. Prière et méditation — 73.17

Quand on a l'esprit confus ou abattu, il n'y a pas de meilleur endroit où l'on peut se rendre pour méditer et chercher du secours que le temple, le sanctuaire de Dieu. Ésaïe était dans une situation pareille après la mort du roi Ozias. Désemparé, il se rendit dans le temple pour méditer et chercher le secours de Dieu. Et là il trouva non seulement la solution à son problème spirituel, mais en même temps sa mission de prophète.

Asaph s'est donc rendu « dans les sanctuaires de Dieu », et là, en prière et dans la méditation de la Parole de Dieu, il vit clairement que le sort des méchants n'est pas à envier. « Le bonheur des méchants comme un torrent s'écoule », a écrit le poète dramatique français Jean Racine (1639-1699).

Cette constatation de la fin tragique des méchants a du même coup enlevé le doute du cœur du psalmiste. La voie glissante (73.18) sur laquelle se trouve le méchant ne le mène qu'à une ruine soudaine (73.19-20).

B. Confiance en dépit des apparences — 73.26, 28

Nous lisons dans l'Epître aux Hébreux : « La foi est une ferme assurance des choses qu'on espère, une démonstration de celles qu'on ne voit pas » (Hébreux 11.1). La Bible en français courant rend ainsi ce verset : « Avoir la foi, c'est être sûr de ce que l'on espère, c'est être convaincu de la réalité de ce que l'on ne voit pas. » Les apparences sont souvent trompeuses, mais la foi repose sur le fondement solide des choses qui sont en Dieu et qui ne sont pas visibles à l'œil nu.

Une analogie est celle du pilote qui essaie d'atterrir par un temps brumeux. Tant qu'il suit les instructions de la tour de contrôle, au sol, il est sûr de pouvoir amener l'appareil à destination, avec un minimum d'inconvénient. Dieu est à la tour de contrôle de notre vie. Il a la situation bien en main et veut bonheur. Au plus profond des ténèbres de nos difficultés nous sommes surs d'atteindre le port si gardons les yeux fixés sur Jésus, au lieu d'écouter le chant des sirènes, nous invitant insidieusement à suivre la voie des méchant.

« Ma chair et mon cœur peuvent se consumer, » dit alors le psalmiste, « Dieu sera toujours le rocher de mon cœur et mon partage » (73.26). C'est là une affirmation que seuls ceux qui marchent par la foi et non par la vue (2 Cor. 5.7) peuvent faire. Ils savent que par-delà les nuages du doute le soleil de la grâce brille. Ils peuvent attendre un bon bout de temps avant de voir se réaliser leurs espérances, mais ils sont sûrs du résultat final parce qu'ils font confiance aux promesses divines.

C. La fidélité et la bonté de Dieu réaffirmée — 73.1, 28

Au bout du compte, le psalmiste est amené à réaffirmer la bonté et la fidélité de Dieu. Cette réaffirmation entraîne une ferme conviction que la ceux qui les possèdent et tes pratiquent.

« Oui, Dieu est bon...pour ceux qui ont le cœur pur » (73.1) affirme le psalmiste à la fin de sa méditation dans le « sanctuaire du Dieu fort » (73.17, Synodale). Et il conclut : « Pour moi, m'approcher de Dieu, c'est mon bien. Je place mon refuge dans le Seigneur, l'Eternel, afin de raconter toutes ses œuvres » (73.28). Jésus n'a-t-il pas dit : « Heureux ceux qui ont le cœur pur, car ils verront Dieu » ? (Matt. 5.8). Voir Dieu, quelle espérance glorieuse ! Cette espérance n'est point pour le méchant sur qui demeure la colère de Dieu (Jean 3.36 ; Rom. 1.18). Possédant une telle espérance, pourquoi le juste envierait-il le bonheur éphémère du méchant ?

Question à discuter :

- *Quel est te rôle de la prière et de la méditation de la Parole de Dieu dans la recherche des réponses aux questions qui nous confondent ?*

Leçon 7

DOMINANT LA CRAINTE

PASSAGE BIBLIQUE SUR LA LEÇON

Psaume 91

VERSET À MÉMORISER

« Car ce n'est pas un esprit de timidité que Dieu nous a donné, mais un esprit de force, d'amour et de sagesse » (2 Timothée 1.7).

LECTURE QUOTIDIENNE

L - PSAUME 88, AU BORD DU DESESPOIR
M - PSAUME 90, TROUVANT LA VRAIE SATISFACTION
M - PSAUME 94, LE REFUGE DE LA PRIERE
J - PSAUME 95, INVITATION A VENIR A DIEU
V - PSAUME 96, LOUANT DIEU
S - PSAUME 101, UN SAGE COMPORTEMENT
D - PSAUME 102, DIEU SE SOUCIE

BUT DE LA LEÇON

Redécouvrir le fait qu'une foi significative en Dieu est le remède à la crainte qui nous tourmente.

INTRODUCTION

Le Psaume 91 fait partie de la quatrième partie du livre des Psaumes, débutant avec le Psaume 90. C'est l'un des psaumes les plus connus et les plus cités. On n'est pas sûr de l'identité de l'auteur, mais une certaine continuité avec le psaume précédent a porté certains érudits à attribuer le Psaume 90 à Moïse. La Bible annotée (AT 6, p. 237) dit au sujet du Psaume 91 ce qui suit : « Ce psaume est comme la réponse divine à la prière que fait entendre le psaume précédent. Moïse, au désert, a vu tomber par milliers et dix milliers ceux qui l'entouraient ; tout fidèle, comme lui, vit au milieu de puissances de destruction sans cesse à l'œuvre, mais il n'en trouve pas moins auprès de l'Eternel une sécurité parfaite, à la condition d'habiter en permanence dans sa retraite secrète. »

La vie humaine est traversée de dangers de toutes sortes. Nous ne pouvons pas être sûrs du lendemain. Nul ne sait ce qu'un jour nouveau peut enfanter pour lui. Mais en dépit de tout cela, le croyant peut être assuré de la protection du Tout- Puissant. « Le Dieu d'éternité est un refuge, et sous ses bras éternels est une retraite » (Deutéronome 33.27a).

Notre leçon tourne autour des trois points suivants :

I. Les possibilités de la dépendance — Psaume 91.1-2

II. La protection augmente avec le danger — Psaume 91.3-13

III. Sa présence bannit la détresse — Psaume 91.14-16

I. LES POSSIBILITÉS DE LA DÉPENDANCE

Psaume 91.1-2

Le premier verset se lit ainsi : « Celui qui demeure sous l'abri [litt. : dans te secret] du Très-Haut repose à l'ombre du Tout-Puissant. » La Bible annotée le traduit de la manière suivante : « Celui qui habite dans la retraite secrète du Très-Haut est logé à l'ombre du Tout- Puissant. » À la vérité, il n'y a pas d'endroit plus sûr pour notre protection que dans la présence de Dieu où aucun mal ne peut nous atteindre.

A. La retraite secrète (91.1)

Dieu est présent avec nous dans toutes les circonstances urgentes de la vie ; mais demeurer dans la « retraite secrète », c'est plus que chercher un refuge à la hâte quand un orage menace de nous détruire. « Demeurer » (ou « habiter ») implique ici une attitude habituelle d'une personne envers Dieu, fondée sur sa confiance personnelle et constante en Dieu. Ce lieu secret ou cette haute retraite consiste à se reposer constamment sur la fidélité de Dieu, ce qui n'est pas affecté par la géographie, les circonstances ou les autres.

À propos de cette « retraite secrète », Adam Clarke, collaborateur de John Wesley, écrit : « Car son aide et sa défense n'est pas comme une place forte ou un château qui est visible ; c'est une forteresse secrète et invisible, que seule une âme fidèle connaît...elle demeure, se confie et se repose dans ce secours de Dieu qui est secret, et que seul l'œil de la foi peut voir. »

B. L'ombre du Tout-Puissant (91.1)

Le terme « Tout-Puissant », appliqué à Dieu dans ce passage, indique que la protection qu'il offre est sûre et certaine. Celui qui se réfugie en l'Eternel a l'assurance qu'il a trouvé la meilleure protection possible, la protection inviolable.

À propos de l'image de l'ombre, un écrivain a écrit : « À 'l'ombre du Tout- Puissant, nous sommes protégés de toute chaleur destructrice — la chaleur de la crainte, la chaleur de la colère, la chaleur de l'inquiétude et de toute autre forme de feu impur qui si souvent détruit les trésors délicats de l'âme. L'ombre du Tout-Puissant nous gardera calme, et toutes les autres puissances opéreront en nous dans la tranquillité. »

L'idée d'ombre nous fait penser à un arbre majestueux dont les grandes branches couvertes de feuillage protègent hommes et bêtes des chaleurs intenses de l'été. Ésaïe, le prophète, pouvait donc demander à Dieu : « Couvre-nous en plein midi de ton ombre comme de la nuit » (Esa. 16.3). L'ombre de l'Eternel diffère de « l'ombre de la mort » dont parle le Psaume 23 ; celle-ci est mortelle tandis que celle-là est vivifiante et protectrice. « Je lis parfois » écrit le prédicateur anglais John Henry Jowett (1863-1923), « que nos rois sont couverts par 'l'ombre protectrice de la police. Dans un sens infiniment plus réel et plus intime, l'âme qui demeure dans la 'retraite secrète' vit dans l'ombre protectrice de la grâce et de l'amour inlassables de Dieu. »

C. Un refuge et une forteresse sûrs (91.2)

En tant que notre refuge, le Seigneur est une retraite tranquille où nous pouvons nous réfugier quand nous sommes poursuivis par l'ennemi de notre âme. Le croyant doit parfois faire face bravement aux assauts ; mais en d'autres circonstances, il lui faut mettre une distance entre lui et ses ennemis en cherchant refuge sous la protection du Très-Haut, là où ils ne peuvent pas l'atteindre.

Dans les temps antiques, les forteresses étaient des lieux fortifiés qui servaient de derniers remparts contre les attaques des ennemis. L'âme qui se réfugie en Dieu sait qu'elle est protégée par la forteresse vraiment inexpugnable. Martin Luther pouvait écrire :

C'est un rempart que notre Dieu,
Une invincible armure,
Notre délivrance en tout lieu,
Notre défense sûre.

L'ennemi contre nous
Redouble de courroux ;
Vaine colère !
Que pourrait l'adversaire ?
L'Eternel détourne ses coups.

Questions à discuter :

- *Dans quel sens Dieu est-il « un abri sûr pour nous cacher » ?*
- *Que signifie pour le psalmiste et pour vous « l'ombre du Tout- Puissant » ?*

II. LA PROTECTION AUGMENTE AVEC LE DANGER

Psaume 91.3-13

Ceux qui croient en Dieu de tout leur cœur savent que Dieu protège et délivre. Le thème de la protection et de la délivrance est développé à travers toute la Bible.

A. Délivrance

Dieu délivre du filet de l'oiseleur (91.3a). Cela signifie qu'il nous délivre de la tentation du malin, des pièges subtils de l'ennemi de nos âmes.

Il nous délivre ou nous protège de divers fléaux (91.3b, 6, 10). Cela ne veut pas dire que les croyants ne peuvent pas être frappés de maladies diverses. Cela signifie plutôt que le croyant place sa confiance, en premier et en dernier lieu dans le pieu tout-puissant. Le croyant prend toutes les précautions nécessaires, y compris les précautions médicales, et laisse le reste entre les mains de Dieu.

Cette confiance est quotidienne. Nous n'appartenons pas à nous- mêmes, mais à Celui qui nous a appelés par sa grâce. Nous sommes donc assurés qu'aucun cheveu ne tombera de notre tête sans sa permission.

B. Confort

« Il te couvrira de ses plumes » (91.4). Pour bien comprendre ce dont il s'agit ici, reportons-nous au texte de Deutéronome 32.10-11. L'aigle aux ailes puissantes et aux yeux perçants protège ses petits contre les autres oiseaux de proie. Et les aiglons trouvent sous les plumes de leur mère à la fois une protection et un confort. Dieu est celui qui rassemble les siens sous les ailes de sa grâce et de son amour.

C'est à l'ombre de tes ailes
Qu'est le vrai repos ;
Là plus de douleurs cruelles,
Là plus d'angoisses mortelles,
Là plus d'écrasants fardeaux,
C'est le vrai repos !

C. Défense

« Sa fidélité est un bouclier et une cuirasse » (91.4c). La Bible annotée parle de vérité au lieu de fidélité. Les deux ne sont pas incompatibles. La fidélité de Dieu nous protège quand nous faisons face aux trahisons et aux reniements de toutes sortes. Sa Parole étant vérité nous protège des fausses doctrines, des distorsions, et des erreurs de toutes sortes qui sollicitent constamment notre adhésion.

Nous pouvons alors dire avec l'apôtre Paul : « Nous n'avons pas de puissance contre la vérité ; nous n'en avons que pour la vérité » (2 Cor. 13.8)

Grand en fidélité ô Dieu mon Père,
Chez Toi nulle trace de changement.
Ses compassions ne sont pas à leur terme,
Tu restes fidèle éternellement.

D. Protection continuelle

Dieu accorde sa protection vingt-quatre heures par jour ; Il nous promet son aide à chaque moment de chaque jour (91.5-6).

La flèche qui vole de jour et la contagion qui frappe en plein midi, ainsi que les terreurs de |a nuit peuvent effrayer plus d'un. Mais le croyant peut calmement répéter avec l'apôtre Paul : « Si Dieu est pour nous, qui sera contre nous » (Rom. 8.31b).

La promesse n'est pas que nous serons à l'abri de tout mal et de toute souffrance, mais que nous pouvons les affronter avec la foi dans l'amour de Dieu et dans ses compassions. Le Tout-Puissant dit, par la bouche du prophète Ésaïe : « Si tu traverses les eaux, je serai avec toi ; et les fleuves, ils ne te submergeront point ; si tu marches dans le feu, tu ne te brûleras pas, et la flamme ne t'embrasera pas » (Esa. 43.2). Quand la foi est centrée sur Dieu, elle est le vrai remède à l'inquiétude et à la crainte.

Comment une telle protection est-elle rendue possible ?

1. Le refuge en Dieu — 91.9

Le psalmiste nous ramène aux deux premiers versets du psaume. Le système de protection de Dieu est en rapport avec le fait par nous de demeurer en lui.

2. La force de Dieu — 91.10

Notre sécurité est réelle. Ce verset ne doit pas être pris dans le sens que tout ira toujours comme sur des roulettes de velours pour nous. Le juste comme le méchant a sa part de souffrances et de peines résultant primordialement du péché originel. Mais nous avons l'assurance que si le malheur atteint souvent le juste, l'Eternel l'en délivre toujours (Psaume 34.20).

3. Le ministère des anges — 91.11-12

Le mot « ange » signifie originalement « messager ». Un ange est un esprit qui est au service de Dieu, toujours prêt à exécuter ses ordres (Hébreux 1.14). Beaucoup de gens ne croient pas dans l'existence des anges ; les sadducéens du temps de Jésus étaient de ce nombre (Actes 23.8). Mais lin- crédulité des uns et la moquerie des autres ne peuvent aucunement réduire la Parole de Dieu à néant.

Mais le mot « ange » est aussi venu à signifier le plus haut degré de vertu, de compassion et de protection. Selon une certaine tradition, chaque croyant aurait à sa disposition un « ange gardien ». Ce qui est certain, c'est que nous sommes entourés de forces spirituelles et que les anges de Dieu opèrent comme ses agents qui sont chargés de contrecarrer l'action néfaste des démons (Daniel 10.12-13).

Nous ne savons pas comment les anges opèrent, mais nous sommes sûrs que par-delà le monde visible, Dieu et ses anges veillent sur nous. Satan, qui connaissait bien ce texte du psaume, l'a cité à Jésus, au cours de leur duel spirituel, afin de porter le Seigneur à lui obéir. Mais Jésus, qui était bien imbu du contexte de Psaume 91.11-12, résista victorieusement au chef des esprits mauvais (Matt. 4.6-7).

Questions à discuter :

- *Avez-vous fait l'expérience personnelle de la protection divine ?*
- *Quelle soit-être notre attitude quand le malheur nous frappe ?*

III. SA PRÉSENCE BANNIT LA DÉTRESSE

Psaume 91.14-16

La promesse de Dieu est clairement mentionnée au verset 16. Sa présence est nôtre ; elle se manifeste en réponse à notre dévotion sans partage — parce que nous avons appris à dépendre sur lui complètement, et aussi parce que nous connaissons son nom (91.14).

A. La connaissance de son nom

La connaissance du nom de Dieu ? Qu'est-ce que cela signifie ? Cela ne signifie pas savoir quel est le vrai nom de Dieu, car 11 en a plusieurs. Jésus a dit dans sa prière sacerdotale : « J'ai fait connaître ton nom aux hommes que tu m'as donnés du milieu du monde. Ils étaient à toi, et tu me les as donnés ; et ils ont gardé ta parole » (Jean 17.6).

En dépit de ce que veulent nous faire croire certains groupes religieux, connaître Dieu n'a rien à voir avec le fait de savoir son vrai nom, mais concerne plutôt le fait de garder sa parole telle que l'a expliquée et enseignée Jésus-Christ. « Or, la vie éternelle, c'est qu'ils te connaissent, toi, le seul vrai Dieu, et celui que tu as envoyé, Jésus-Christ » (Jean 17.3).

B. Les effets bénéfiques de sa Présence

Au début de ce psaume, le psalmiste a utilisé des expressions telles que « mon refuge », « ma forteresse ». Vers la fin du psaume, il laisse parler Dieu qui réitère ses promesses : « Je...protégerai », « je...répondrai », « je...délivrerai », « je glorifierai », « je...rassasierai ». Ce ne sont pas là des promesses en l'air — elles sont certaines. Ce ne sont pas non plus des promesses qui coulent comme l'eau du ruisseau — elles sont réservées à ceux qui craignent Dieu, se confient en Lui et qui crient à lui sincèrement dans leurs difficultés, sans douter aucunement de sa puissance de délivrance.

La promesse finale s'énonce ainsi : « Je lui ferai voir mon salut » (91.16b). La première partie du verset 16 parle de longévité. On doit, cependant, se rappeler que l'on meurt à tout âge et pour des raisons diverses. Le croyant, toutefois, prend beaucoup plus de précautions que l'incroyant. Il évite les vices qui usent le corps et qui par conséquent peuvent raccourcir l'existence humaine — des habitudes nocives comme le tabagisme, l'alcoolisme, la promiscuité et des choses semblables.

Mais le salut de Dieu est réservé exclusivement à ceux qui craignent Dieu et Le servent fidèlement.

O Jésus, Ta Présence Est si douce à mon cœur,
Parlant d'amour, de clémence Pour moi, pauvre pécheur,
Disant à l'âme docile,
Au cœur chargé, travaillé :
Mon joug est bien facile Et Mon fardeau léger.

Leçon 8

DIEU, LE MAÎTRE DE L'HISTOIRE

PASSAGES BIBLIQUES SUR LA LEÇON

Psaumes 105 et 106

VERSET À MÉMORISER

« Vous, au contraire, vous êtes une race élue, un sacerdoce royal, une nation sainte, un peuple acquis, afin que vous annonciez les vertus de celui qui vous a appelés des ténèbres à son admirable lumière » (1 Pierre 2.9).

LECTURE QUOTIDIENNE

L - PSAUME 107.33-38, DIEU, LE SUSTENTATEUR
M - PSAUME 108, DIEU, NOTRE ESPOIR
M - PSAUME 110, LA DOMINATION ETERNELLE DE CHRIST
J - PSAUME 111, GRAND EST NOTRE SEIGNEUR
V - PSAUME 112, CRAIGNANT DIEU
S - PSAUME 114, MERVEILLES DE DELIVRANCE
D - PSAUME 118.1-14, SA MISERICORDE EST ETERNELLE

BUT DE LA LEÇON

Nous aider à comprendre les interventions miraculeuses dans l'histoire d'Israël et la signification profonde du rôle de Dieu dans l'histoire humaine.

INTRODUCTION

Les Psaumes 105 et 106 commencent et se terminent par une expression de louange — LOUEZ L'ETERNEL ! Mais ces deux psaumes font aussi partie des psaumes dits historiques — les autres sont 78, 107, 136. La caractéristique principale de ces psaumes, c'est le passé du peuple d'Israël expliqué dans le contexte des interventions divines, depuis la sortie d'Egypte jusqu'à l'établissement en Palestine. Ces psaumes devaient rappeler aux enfants d'Israël que ce n'est pas par hasard qu'ils se sont établis dans le pays où coule le lait et le miel, mais que tout cela est arrivé en accomplissement de la promesse que Dieu avait faite à Abraham (Genèse 12.5-7).

La présence de Dieu est manifeste dans l'histoire d'Israël et, partant, dans toute l'histoire humaine. Car, n'oublions pas que nous sommes tous sortis d'un seul sang (Actes 17.26) et que, par ailleurs, Abraham avait aussi reçu la promesse que toutes les nations de la terre seront bénies en sa postérité (Genèse 22.18). Dieu ne se repent pas de ses dons et de promesses, de sorte que ce qu'il a promis s'est accompli en la personne de Jésus-Christ, son Fils unique et descendant d'Abraham, qu'il a donné au monde entier, afin que quiconque croit en lui ait la vie éternelle (Jean 3.16).

Notre leçon se présente comme suit :

I. L'Histoire nous encourage à louer Dieu — Psaume 105.1-3

II. L'Histoire montre la fidélité de Dieu à son alliance — Psaume 105.4-45

III. L'Histoire montre la culpabilité de l'homme — Psaume 106.6-43

IV. L'Histoire rappelle la compassion d'amour de Dieu — Psaume 106.44-48

I. L'HISTOIRE NOUS ENCOURAGE À LOUER DIEU

Psaume 105.1-3

Le message central du Psaume 105 se trouve au verset 8 : « Il se rappelle toujours son alliance, ses promesses pour mille générations. » Ses promesses sont pour nous aussi, de sorte que nous devons prêter attention à l'action divine même à notre époque.

L'histoire n'est pas un perpétuel recommencement, elle est plutôt unidirectionnelle. Les hommes, bien sûr, ont tendance à répéter les erreurs du passé, mais la roue de l'histoire s'avance et Dieu agit à travers les événements afin d'amener à bon terme son plan de restauration universelle. Il est digne de confiance et il est digne de louange.

A. Louanges par les remerciements

« Louez l'Eternel ! » (105.1). Puisque Dieu a si généreusement pourvu à tous nos besoins, il est tout nature ! que nous le remerciions. Témoigner notre reconnaissance à Dieu pour tous ses bienfaits est le premier pas vers un service qui lui est agréable.

David a dit : « Mon âme, bénis l'Eternel Que tout ce qui est en moi bénisse son saint nom ! Mon âme, bénis l'Eternel, et n'oublie aucun de ses bienfaits ! » (Psaume 103.1-2).

B. Louange par la prière

« Invoquez son nom ! » (105.1) et « cherchez continuellement sa face ! » (105.4). La prière est une forme de louange qui nous conduit à une vue réaliste de la vie. Dans la prière, nous prêtons attention sur ce que Dieu est et ce que nous sommes. Quelqu'un a dit : « Dans la crise nous regardons en nous-mêmes, et nous avons peur ; nous regardons autour de nous, et nous sommes confus ; nous regardons en haut, et nous devenons sereins. »

C. Louange par le témoignage

« Faites connaître parmi les peuples ses hauts faits » (105.1b), et « parlez de toutes ses merveilles ! » (105.2b). La louange renforce notre foi et encourage l'espoir de ceux avec qui nous conversons. La louange change et les circonstances et les choses. Le témoignage positif de l'aide de Dieu dans notre vie est une façon importante de cultiver la foi — la nôtre et celle des autres. Si nous n'entendons pas et ne faisons pas connaître la bonne nouvelle de ce que Dieu accomplit dans notre vie, nous sommes spirituellement appauvris.

D. Louange par des cantiques.

« Chantez, chantez en son honneur » (105.2a). Les hymnes de Luther et de Wesley continuent d'enseigner les doctrines de la foi aux personnes qui n'ont jamais lu aucun de leurs ouvrages doctrinaux. Quand nous chantons la fidélité de Dieu, cela encourage les autres. Un cantique a une façon de tourner les ténèbres en lumière, le découragement en espoir et de nous conduire du péché au salut. Nos chants sont l'un des moyens les plus puissants dont nous disposons pour passer le flambeau de la foi à la génération subséquente.

E. Louange dans la dépendance

« Glorifiez-vous de son saint nom ! » (105.3a), et « ayez recours à l'Eternel et à son appui » (105.4a). La louange spéciale à Dieu résulte de notre admission candide du fait que nous dépendons complètement de Dieu pour la force et pour tout succès spirituel. A notre époque de sophistication à outrance, de déploiement de force portée jusqu'à la violence et d'incrédulité, il est difficile aux gens d'admettre qu'ils sont dans le besoin, perdus et sans force en dehors de Dieu. Que vienne une catastrophe, et les voilà désemparés. Dans une sincère admission de notre dépendance, nous sommes fortifiés par sa suffisance.

F. La louange dans la joie

« Que le cœur de ceux qui cherchent l'Eternel se réjouissent » (105.3b). La joie est une émotion toute spéciale. Quelqu'un a dit que « la joie est le signe infaillible de la présence de Dieu » ; toute vraie joie découle de la grâce du Créateur qui veut le bien de toutes ses créatures.

Il est vrai que le croyant peut ne pas toujours se réjouir dans toutes les circonstances de sa vie, mais il peut toujours se réjouir du fait que Dieu est bon et qu'il fait tout à merveille. C'est dans cette perspective que l'apôtre Paul — qui a connu bien des souffrances — a pu écrire : « Soyez toujours joyeux. Priez sans cesse. Rendez grâces en toutes choses » (1 Thessaloniciens 5.16-18).

Questions à discuter :

- *Quelle est l'importance de la louange dans l'adoration ?*
- *Pourquoi devons-nous faire confiance à la fidélité de Dieu ? (Voyez Hébreux 13.8.)*

II. L'HISTOIRE MONTRE LA FIDÉLITÉ DE DIEU À SON ALLIANCE

Psaume 105.4-45

Après avoir donné des instructions concernant la louange à Dieu, le psalmiste nous invite à nous rappeler les promesses que Dieu a exécutées dans le passé. Car, après tout, l'histoire n'est-elle pas la « résurrection des faits du passé ? »

A. La promesse de Dieu à Abraham, Isaac et Jacob

Cette promesse donnée d'abord à Abraham (Genèse 14.18 ; 22.15), a été confirmée successivement à Isaac (Genèse 26.3) et à Jacob (Genèse 28.13).

Le verset 5 du Psaume 105 rappelle sans doute aux Israélites l'aide de Dieu avant et pendant la sortie d'Egypte. Dieu les secourut quand ils étaient peu nombreux (105.12), des étrangers (105.12) et des pèlerins (105.13). Sa promesse pour mille générations (105.8) débuta par son alliance avec Abraham qu'il réitéra à Isaac, à Jacob et à tout le peuple d'Israël (105.10-11).

B. La promesse de Dieu à Joseph — 105.16-23

Joseph avait eu des songes qui lui indiquaient que Dieu lui donnerait la prééminence dans sa famille (Genèse 37.6-7, 9). Mais les songes avaient une plus grande signification, Joseph, après beaucoup de tribulations, devait accéder au poste le plus élevé en Egypte, celui de premier ministre. Il eut donc la prééminence, non seulement sur les membres de sa famille, mais aussi sur les Egyptiens et les autres peuples qu'il épargna de la famine, à cause de la sagesse que Dieu lui avait accordée. Et la promesse s'est réalisée.

C. La promesse de Dieu à Moïse — 105.26-38

Moïse fut élevé à la cour du roi d'Egypte, mais fut forcé de quitter le pays après avoir commis un meurtre. Mais des années plus tard, Dieu le choisit pour aller délivrer les descendants d'Abraham — les enfants de la promesse. Moïse reçut de Dieu la promesse qu'il serait avec lui et ferait sortir lui et ses frères israélites du pays d'Egypte (Ex. 3.10 et 20). Et la promesse s'est réalisée.

D. La promesse de Dieu dans le désert — 105.39-45

Les descendants d'Abraham auraient pu traverser le désert du Sinaï en quelques mois et entrer ensuite dans le pays de Canaan. Ils durent passer 40 ans dans le désert à cause de leurs incrédulités et de leurs murmures.

Mais, durant toutes leurs pérégrinations dans le désert. Dieu continua de les encourager et leur renouveler sa promesse. De plus, il accomplit en leur faveur des miracles et des prodiges, Dieu demeurait fidèle en dépit de l'infidélité de ses enfants (2 Tim. 2.13).

E. La promesse est pour nous aussi

Depuis la venue de Jésus, la seconde promesse faite à Abraham — que toutes les nations seront bénies en lui (Genèse 22.18) — s'est accomplie. Pierre pouvait déclarer, le jour de la Pentecôte, que la promesse du salut de Dieu en Jésus-Christ s'est étendue à tous les hommes (Actes 2.39). Nous, aujourd'hui, faisons partie de « tous ceux qui sont au loin ».

Mais, comme pour les Israélites d'autrefois, nous sommes appelés, sous la nouvelle alliance, à garder ses préceptes et à observer ses commandements (Jean 14.15).

Questions à discuter :

- *En quoi les promesses de Dieu faites à Abraham sont-elles importantes pour nous aujourd'hui ?*
- *Pourquoi les Dix Commandements sont-ils importants pour nous aujourd'hui encore ?*

III. L'HISTOIRE MONTRE LA CULPABILITÉ DE L'HOMME

Psaume 106.6-43

L'histoire humaine est un long tissu des péchés commis par les hommes contre Dieu et contre leurs semblables.

Le Psaume 106 s'ouvre par un appel à la gratitude à l'égard de Dieu pour ses grandes marques de bonté (106.1-5). Puis le psalmiste passe en revue les infidélités et les iniquités du peuple de Dieu.

Le verset 6 du Psaume 106 peut s'appliquer à chaque génération : « Nous avons péché comme nos pères, nous avons commis l'iniquité, nous avons fait le mal. »

A. Péché d'ingratitude en Egypte — 106.7-12

Les Israélites étaient à peine sortis d'Egypte qu'ils se mettaient à murmurer contre Moïse et contre Dieu. Ils traversèrent la Mer Rouge à pied sec, non parce qu'ils avaient fait confiance à Dieu, mais à cause de la fidélité de Dieu. Il accorde toujours ce qu'il promet.

B. Péché de mécontentement et de jalousie — 106.13-16

Les Israélites désiraient voir les choses aller selon leur gré. Et quand ils ne pouvaient obtenir rapidement ce qu'ils désiraient, ils se mettaient à murmurer.

C. Péché d'adoration des idoles — 106.19-23

Il s'agit de la scène de l'adoration du veau d'or (Ex. 32.1-8). Seule l'intercession sincère de Moïse sauva le peuple d'une destruction imminente par Dieu (Psaume 106.23).

D. Une longue liste d'iniquités — 106. 24-40

La lecture de la liste des péchés du peuple fait penser aux paroles du prophète Jérémie : « Le cœur est tortueux par-dessus tout, et il est méchant » (Jérémie 17.9).

Cette liste comporte : murmures (106.25) ; sacrifices humains offerts aux idoles (106.28 et 38) ; rébellion (106.33) ; associations avec l'ennemi (106.35), etc.

Question à discuter :

- *Quel est te problème essentiel de l'âme humaine ?*

IV. L'HISTOIRE RAPPELLE LA COMPASSION D'AMOUR DE DIEU

Psaume 106.44-48

Le péché a causé des souffrances indescriptibles à la race humaine. Il a attristé Dieu à plusieurs reprises et a tourné les rêves des hommes en désespoir.

Le psalmiste admet avec tristesse : « Plusieurs fois il [Dieu] les délivra ; mais ils se montrèrent rebelles dans leurs desseins, et ils devinrent malheureux par leur iniquité » (106.43).

Mais en dépit de ce sombre tableau, l'espoir renaît dans le cœur de l'homme grâce à la promesse de rédemption donnée par Dieu.

A. La grande compassion divine — 106.44-46

Dieu peut punir jusqu'à la quatrième génération (Ex. 20.5), mais sa miséricorde va beaucoup plus loin. Quand le psalmiste dit que Dieu se rappelle « ses promesses pour mille générations » (Psaume 105.8b), il entend par là la bonté infinie de Dieu.

Dieu peut changer le cœur de pierre en cœur de chair (Ezéchiel 36.26) et porter les oppresseurs à relâcher ceux qu'ils retiennent captifs.

B. Louange à sa sainteté — 106.47-48

Le verset à mémoriser (1 Pierre 2.9) parle d'une « race élue », d'un « sacerdoce royal », d'une « nation sainte », d'un « peuple acquis ». Toutes ces expressions se rapportent à un peuple que Dieu s'est choisi — en dehors de l'ancienne nation d'Israël (voyez Actes 15.14).

Mais ce peuple — dont fait partie les hommes de toutes races et de toutes cultures — devait d'abord être libéré du péché, afin de pouvoir servir Dieu dans la sainteté. C'est ce dont parle Psaume 106.47. Et le verset 48 conclut par la louange au Dieu de sainteté.

Zacharie avait bien raison de dire, à la naissance de Jean-Baptiste :

« C'est ainsi qu'il manifeste sa miséricorde...et se souvient de sa sainte alliance, selon le serment par lequel il avait juré à Abraham…, de nous permettre, après que nous serons délivrés de la main de nos ennemis, de le servir sans crainte, en marchant devant lui dans la sainteté et dans la justice tous les jours de notre vie » (Luc 1.72-75).

Cette promesse est pour ceux qui acceptent le plan divin de rédemption L'histoire humaine est donc tissé de luttes, de déboires mais aussi de triomphes. Car, au milieu de la défaite humaine, Dieu offre le pardon et le salut. LOUONS L'ETERNEL !

Leçon 9

LA PAROLE PARFAITE ET INFAILLIBLE

PASSAGES BIBLIQUES SUR LA LEÇON

Psaume 119.1-8 ; 97-105

VERSET À MÉMORISER

Quand le consolateur sera venu, l'Esprit de vérité, il vous conduira dans toute la vérité ; car il ne parlera pas de lui- même, mais il dira tout ce qu'il aura entendu, et il vous annoncer les choses à venir (Jean 16.13).

LECTURE QUOTIDIENNE

L - PSAUME 119.9-16, LA PUISSANCE CONTRE LE PECHE
M - PSAUME 119.17-24, LE RECONFORT DANS LA SOLITUDE
M - PSAUME 119.25-32, UNE COMPREHENSION PLUS CLAIRE
J - PSAUME 119.41-48, LA PUISSANCE POUR LE TEMOIGNAGE
V - PSAUME 119.65-72, LA CORRECTION NOUS RAPPROCHE DE DIEU
S - PSAUME 119.89-96, LA PAROLE IMMUABLE
D - PSAUME 119.129-136, LA LUMIERE LUIT DANS LES TENEBRES

BUT DE LA LEÇON

Encourager une obéissance d'amour à l'égard des Saintes Écritures. Comprendre le rapport entre la connaissance de la Parole de Dieu et la santé spirituelle.

INTRODUCTION

Le Psaume 119 est spécial à cause de sa profondeur et de sa longueur. Il fait partie de la cinquième partie de livre, débutant avec le Psaume 107.

Le Psaume 119 comporte 176 versets arrangés selon un acrostiche alphabétique dans lequel chacune des 22 lettres de l'alphabet hébreu commencent une nouvelle section de huit versets. Dans les versions françaises de Jérusalem, de Crampon, de Mardesouset d'Ostervald, chaque section est précédée d'une lettre de l'alphabet hébreu. La version Darbyet la Bible en français courant placent un astérisque (*) au début de chaque section.

À travers ce psaume, le mot loi (torah) et ses synonymes apparaissent fréquemment. Il ne s'agit pas de la loi dans son sens légaliste ou pharisaïque. Il s'agit plutôt de la volonté de Dieu révélée à ses enfants. La signification essentielle du torah ou enseignement, c'est que la Parole de Dieu révèle la volonté de Dieu comme un modèle pour la vie.

Les huit synonymes du mot « loi », tels qu'ils apparaissent dans le Psaume 119 sont :

1. Loi (*torah*). C'est l'enseignement donné pas Dieu révélant sa volonté.
2. Témoignages (*edot*) ou principes généraux d'action.
3. Préceptes (*piqqudim*) ou règles particulières de conduite.
4. Statuts (*chuqqah*) ou règlements sociaux.
5. Commandements (*mitzvah*) ou prescriptions divines.
6. Ordonnances (*misphatim*) ou décisions prises par Dieu concernant la conduite de ses enfants.
7. Parole (*dabar*) ou la volonté déclarée de Dieu, ses promesses et ses décrets.
8. Parole (*imrab*) ou la déclaration de Dieu comme elle est révélée aux hommes.

Nous n'étudierons que deux des 22 sections du Psaume 119 ; mais nous devons remarquer que dans presque chaque verset (excepté le verset 122 !) nous trouvons deux éléments qui peuvent aider au développement de notre vie de dévotion : (a) la louange à Dieu et (b) l'appréciation des Saintes Écritures.

Notre esquisse comporte les points suivants :

I. L'appel de Dieu — Psaume 119.1-8

II. Le don de compréhension accordé par Dieu — Psaume 119.97-105

III. Application à la vie — Psaume 119.105

I. L'APPEL DE DIEU

Psaume 119.1-8

Le Psaume s'ouvre sur une double béatitude (119.1-2). Cette double béatitude se retrouve d'une façon ou d'une autre à travers tout le psaume.

Remarquons les mots qui soulignent la responsabilité humaine : marcher (119.1, 3) ; garder (vv. 2, 5, 8) ; observer (v. 4) ; chercher (v. 2) ; considérer (v. 6, Kuen) ; apprendre (v. 7).

Cette première section du psaume donne une direction positive concernant la responsabilité de Dieu à l'égard de la loi de Dieu. Le message central de cette section, c'est que les Saintes Écritures sont destinées à nous aider à vivre notre vie selon la volonté de Dieu.

A. Le bonheur de l'homme intègre — Psaume 119.1-2

Au-delà du devoir et de la responsabilité existe le bonheur indescriptible de la personne sanctifiée qui gouverne sa conduite et ses attitudes selon la volonté de Dieu. Un prédicateur du XVII siècle a dit : « Certains prendront une voie nouvelle ; certains iront par un chemin plus court ; certains prendront la voie facile. Mais vous, prenez la voie de la sainteté. »

Le verset 2 parle d'une double bénédiction résultant de l'obéissance de l'homme intègre à la volonté de Dieu. Charles Spurgeon écrit : « Oui, ils sont doublement heureux ceux dont la vie extérieure est supportée par un zèle intérieur pour la gloire de Dieu. » Les Écritures nous sont données pour être obéies, non pour être débattues.

B. Chercher de tout son cœur — Psaume 119.2

On cherche de tout son cœur pour découvrir la complète signification de l'Ecriture et son application dans la vie. Plus on sonde les Écritures, plus on se rende compte de la perfection du plan et de la grâce de Dieu. Jésus n'a-t-il pas dit : « Cherchez, et vous trouverez » (Matt. 7.7).

C. Obéissance — Psaume 119.4

Dieu nous ordonné d'observer ses préceptes et ses ordonnances avec soin. Cette observance soigneuse indique un profond respect pour la Parole de Dieu. La Bible en français courant traduit ce verset comme suit : « Toi, Seigneur, tu as révélé tes exigences, pour qu'on les respecte avec soin. »

D. Prière pour le succès — Psaume 119.5

L'homme de Dieu prie pour que ses voies soient bien réglées, afin qu'il puisse garder les statuts de l'Eternel. Le psalmiste souhaite ardemment trouver l'aide de Dieu ici. Il reconnaît ses obligations, mais souhaite aussi recevoir la capacité, la force de pouvoir les remplir.

E. Promesse — Psaume 119.8

Le psalmiste sait combien la présence constante de Dieu est importante dans sa vie pour qu'il puisse continuer à garder ses statuts. Le cri de Jésus à Golgotha : « Mon Dieu, mon Dieu, pourquoi m'as-tu abandonné ? » (Matt. 27.46) peut être le cri de chaque croyant pour qui les portes de la grâce semblent être fermées dans les moments de détresses et de grandes difficultés. Job en avait fait l'expérience dans sa chair et dans son esprit.

Questions à discuter :

- *Quelles sont les caractéristiques de celui qui obéi à la loi de Dieu ? (Voyez Psaume 119.1-2.)*
- *Les mots loi, commandements, ordonnances sont synonymes. Quelle nuance découvrez-vous dans chacun d'eux par rapport à leur application concernant l'observance des enseignements contenus dans les Saintes Écritures ?*

II. LE DON DE COMPREHENSION ACCORDÉ PAR DIEU

Psaume 119.97-105

Cette section — la treizième — du Psaume 119 est précédée de la lettre M (hébreu : mem). Le psalmiste discute ici de la connaissance spirituelle accordée à travers les Écritures à des personnes de peu d'éducation, alors que des personnes qui ont reçu une bonne éducation scolaire sont souvent spirituellement analphabètes. Jésus n'a-t-il pas dit : « Je te loue, Père, Seigneur du ciel et de la terre, de ce que tu as caché ces choses aux sages et aux intelligents, et de ce que tu les as révélées aux enfants » (Matt. 11.25).

A. Méditation continue — Psaume 119.97

Une méditation continue des Écritures, allant de pair avec l'amour de la loi de Dieu, produit une vraie sagesse spirituelle, il y a une progression de consécration aux Écritures qui accorde au pèlerin une abondance de bénédictions spirituelles. On commence d'abord par lire, puis on continue avec une contemplation solitaire. Le chercheur sérieux va encore plus loin en se demandant comment il peut mettre en pratique la Parole de Dieu qu'il a médité. Enfin, il cherche à rendre la Parole présente dans les diverses circonstances de sa vie.

B. Etude diligente — Psaume 119.98-100

Dieu nous rend sages par sa Parole. Les versets 98-100 mettent donc l'accent sur une étude diligente et sérieuse des Écritures, marquée au coin d'une obéissance sans réserve à la volonté de Dieu. La méthode est expliquée par Paul dans ses instructions à Timothée. L'apôtre dit :

« Toi, demeure dans les choses que tu as apprises, et reconnues certaines, sachant de qui tu les as apprises : dès ton enfance, tu connais les saintes lettres qui peuvent te rendre sage à salut par la foi en Jésus-Christ. Toute Ecriture est inspirée de Dieu, et utile pour enseigner, pour convaincre, pour corriger, pour instruire dans la justice, afin que l'homme de Dieu soit accompli et propre à toute bonne œuvre » (2 Timothée 3.14-17)

C. Marcher dans la voie sainte — Psaume 119.101

La Bible en français courant rend ainsi le verset 101 : « J'ai refusé de suivre le chemin du mal, afin d'appliquer ce que tu as. » Souvent, les spéculations au sujet des Écritures, les débats insignifiants ou une fausse érudition nous rendent aveugles au vrai sens des textes bibliques. Un message très clair apparaît à plusieurs reprises dans le Psaume 119 : la Parole de Dieu est mieux comprise par ceux qui lui permettent de gouverner leurs pensées, leurs attitudes et leurs actions. L'obéissance à l'Ecriture nous éclaire sur sa signification,

« Que tes paroles sont douces ! », dit le psalmiste (119.103a). L'obéissance à l'Écriture donne un vrai sens à la vie. Combien il est bénéfique d'être instruit par Dieu au moyen de sa Sainte Parole.

Questions à discuter :

- *Comment un homme peut-il apprendre la sagesse de Dieu ?*
- *Quels avantages pouvons-nous tirer d'une étude en profondeur de la Parole de Dieu ?*
- *Pourquoi devons-nous éviter de mettre en question la Parole de Dieu ?*

III. APPLICATION À LA VIE

Psaume 119.105

Le psaume 119 pourvoit à une compréhension claire et utile, nous permettant de vivre une vie sainte dans un monde impie. Le psalmiste déclare avec assurance : « Ta parole est une lampe à mes pieds, et une lumière sur mon sentier » (119.105). Au début, en pensant à la jeunesse pleine de vigueur, mais aussi inexpérimentée, le psalmiste avait dit : « Comment le jeune homme rendrait-il pur son sentier ? En se dirigeant d'après ta parole » (119.9). Il vaut mieux obéir à la Parole que d'argumenter avec érudition sur tel point de doctrine.

L'illustration suivante nous fera comprendre l'importance de l'obéissance à la Parole, en dépit des doutes les uns et des reniements les autres.

« Selon un ancien rapport de la marine américaine, trois avions en formation serrée se retrouvèrent dans une brume épaisse le long des côtes d'Okinawa ('île dans le Pacifique qui appartient au Japon). Deux des avions parvinrent à sortir de la brume, mais le troisième s'écrasa au sol. Un officier, à qui l'on demandait la raison possible de l'accident, expliqua : 'En passant à travers un nuage, un pilote peut perdre son sens de direction. Au lieu de se concentrer sur ses instruments de pilotage, il essaie de raisonner ou de chercher à sortir en faisant confiance à son propre jugement. Avant qu'il puisse se rendre compte de son erreur, il est alors trop tard'. »

Nous sommes tous, dans une certaine mesure, comme ce pilote. Les Saintes Écritures nous donnent un guide sûr pour la vie, mais nous essayons quand même de chercher notre voie à travers l'existence au lieu de faire confiance aux instructions que Dieu a mises à notre disposition.

Dieu n'a jamais eu l'intention de faire de sa Parole un monument littéraire, mais a voulu qu'elle soit un guide sûr et sérieux pour la vie sainte. Bien qu'elle renferme tous les éléments d'une œuvre littéraire, la Bible est [soit], avant tout, la Parole de Dieu pour nous. L'un des grands mensonges de notre temps est que nous pouvons vivre mieux en nous libérant de tous les interdits. Mais puisqu'il nous faut un point de ralliement, le psalmiste nous rappelle qu'il se trouve en Dieu et en sa Parole. Le bonheur le plus élevé est d'obéir à Dieu et à ses commandements.

Récapitulons brièvement et considérons quelques applications de la Parole dans notre vie :

1. La louange à Dieu et l'obéissance aux Saintes Écritures sont deux moyens importants dans le développement de notre vie de dévotion.
2. La Bible est le moyen le plus sûr pour découvrir la volonté de Dieu.
3. Une pleine obéissance aux Saintes Écritures n'est possible que par la grâce que Dieu nous accorde.
4. L'obéissance aux Écritures permet au chrétien de vivre une vie pleine de satisfaction.

Leçon 10

NOTRE ASCENSION DANS L'ADORATION

PASSAGES BIBLIQUES SUR LA LEÇON

Psaume 122.1-9 ; 127.1 ; 133.1-3

VERSET À MÉMORISER

« Père saint ; garde en ton nom ceux que tu m'as donnés, afin qu'ils soient un comme nous » (Jean 17.11b).

LECTURE QUOTIDIENNE

L - PSAUME 123, LA VISION FIXE
M - PSAUME 124, QUAND LES RESSOURCES TERRESTRES FAILLISSENT
M - PSAUME 128, LA VIE CONSACREE
J - PSAUME 131, UN ESPRIT COMME CELUI D'UN ENFANT
V - PSAUME 132, QUAND LE SEIGNEUR DOMINE
S - PSAUME 134, LOUONS LE SEIGNEUR
D - PSAUME 135.1-7, LOUANGE AU DIEU UNIQUE

BUT DE LA LEÇON

Aider à cultiver une plus grande appréciation pour l'adoration comme un fondement pour la foi qui mûrit.

INTRODUCTION

Quinze psaumes — 120 à 134 — forment une collection d'hymnes appelée cantiques des montées ou cantiques des degrés ou les psaumes du pèlerin. Beaucoup d'étudiants de la Bible considèrent ces quinze psaumes comme formant un recueil tout à fait particulier au sein du recueil des psaumes.

Il y a plusieurs explications sur l'origine de ces cantiques, mais nous dirons simplement ici que ces psaumes sont des hymnes que les enfants d'Israël utilisaient pour l'adoration tandis qu'ils montaient la route conduisant à Jérusalem, où ils se rendaient pour prier et louer Dieu.

Nous ne devons pas oublier le fait que le peuple de Dieu a toujours été un peuple de pèlerins. Notre habitation présente sur la terre n'est que temporaire. Nous attendons, selon la promesse, une cité dont Dieu est l'Auteur et le Roi. Hélas, deux guerres aux conséquences funestes, au cours de notre siècle, ont réduit à néant la prétention de l'homme de résoudre ses problèmes sur terre par l'éducation, les conférences de paix et la technologie. Cette technologie, tant vantée, devient elle-même une pierre d'achoppement pour l'homme qui ne sait comment se débarrasser, par exemple, des résidus radioactifs dérivés de ses expériences nucléaires.

Notre leçon se développe selon l'esquisse suivante :

I. Le lieu d'adoration du pèlerin — Psaume 122

II. Le fondement de l'adoration du pèlerin — Psaume 127.1

III. La communion du pèlerin dans l'adoration — Psaume 133.1-3

I. LE LIEU D'ADORATION DU PÈLERIN

Psaume 122

Le Psaume 120 montre le besoin d'adoration du pèlerin. Il se trouve face à des circonstances adverses, parmi des gens dont les actions et les motifs sont contraires à ses plus profonds désirs. Entouré par des gens trompeurs et querelleurs, il soupire après la délivrance ; car il s'intéresse à l'amitié, au partage et à la paix. Ainsi, vivre au milieu de ceux qui ne craignent pas Dieu peut créer en nous un désir intense pour la vraie adoration.

Le Psaume 121 parle de la confiance absolue en Dieu, ce qui est une deuxième étape dans le désir du vrai adorateur d'entrer en communion avec Dieu. Cette assurance ne signifie pas que le croyant nie les problèmes et les difficultés, ni l'action des agents des ténèbres ; mais, qu'en dépit de tout, la bonté de Dieu ne faillit jamais (Psaume 121.2, 7-8).

Considérons maintenant le Psaume 122.

A. « Je suis dans la joie » — 122.1

La vraie adoration est toujours enrichie par une espérance élevée. Être motiver par le devoir à assister au service d'adoration est mieux que l'absence, mais une personne reçoit et contribue davantage à l'expérience de l'adoration quand elle y participe avec un sens de haute anticipation spirituelle.

B. « Quand on me dit » — 122.1

Notre désir intense et intérieur d'adorer Dieu devient une double joie quand nous adorons avec ceux qui partagent la même foi que nous. Notre réunion dans la communauté des fidèles pour l'adoration produit de l'encouragement, nous incite aux bonnes œuvres et raffermit notre foi. L'adoration en commun nous rappelle toujours que nous faisons partie de la famille de Dieu. Nous nous sentons aimés et nous nous sentons responsables, et nous sentons aussi que nous sommes utiles. Nous aimons savoir que nous avons un rôle à jouer au sein du peuple de Dieu.

C. « Allons à la maison de l'Eternel » — 122.1

La maison de l'Eternel représente le Temple de Jérusalem. Mais David, qui voulait construire le Temple en l'honneur de l'Eternel, devait apprendre que c'est Salomon, son fils, qui en aurait te privilège.

Dieu n'habite pas dans un temple fait de main d'homme, mais il désire plutôt habiter dans le cœur de chacun de nous. Le psalmiste est conscient du fait que c'est la présence sacrée de Dieu qui rend l'adoration significative. C'est dans ce sens que l'un des prophètes a pu dire : « L'Eternel est dans son saint temple. Que toute la terre fasse silence devant lui » (Habacuc 2.20).

Il s'agit d'un silence fait de révérence et de piété, silence que les vendeurs dans le Temple — au temps de Jésus — ont profané par leur matérialisme et leur cupidité (Marc 11.15-17). Sa maison doit être un lieu de prière, d'adoration et de méditation.

D. Jérusalem, ville spéciale — 122.2-9

Westlake T. Purkiser dit au sujet du pèlerinage à Jérusalem : « Ayant atteint la ville de ses rêves, le pèlerin constate que ce qu'il voit a dépassé son anticipation…c'est le rendez-vous des tribus de l'Éternel …Le but de leur entrée [dans la ville], c'est de rendre grâces au nom du Seigneur » (122.4).

Bien que Jérusalem fût très précieuse aux yeux des anciens Israélites, elle n'était en réalité qu'un puissant symbole de la sécurité, de la protection et de la puissance de Dieu. Le vrai pèlerin jette un regard en arrière sur les dangers auxquels il a échappé et regarde l'avenir avec les promesses de Dieu à la pensée.

Les versets 6 à 9 du Psaume 122 doivent être considérés dans la perspective de la Nouvelle Jérusalem, la Jérusalem céleste (Hébreux 12.22 ; Apocalypse 3.12). Jérusalem signifie « ville de paix » ; mais depuis la ruine de la ville survenue en l'an 70, les Juifs n'ont jamais pu rebâtir le Temple, symbole de leur possession effective de la ville. D'ailleurs lorsque le voile du saint des saints s'était déchiré, à la mort de Jésus (Matt. 27.51), Dieu avait indiqué que l'ancienne alliance avait fait place à la nouvelle selon laquelle les vrais adorateurs devaient adorer, non à Jérusalem ou ailleurs, mais en esprit et en vérité (Jean 4.21-24).

Nous faisons confiance à Dieu pour accomplir la prophétie, à savoir, qu'au retour du Seigneur, tous les peuples se rendront à Jérusalem (Joël 2.32 ; Zacharie 14.16-17).

Questions à discuter :

- *Quels sont les éléments essentiels de la vraie adoration ?*
- *Dans quel esprit devons-nous nous rendre à la maison de l'Eternel ?*

II. LE FONDEMENT DE L'ADORATION DU PÈLERIN

Psaume 127.1

Une complète dépendance sur Dieu, tel est le message essentiel de ce cantique. Une maison, un foyer, ou une ville ne peut subsister sans l'aide de Dieu. Nos efforts, en dernière analyse, sont vains sans la reconnaissance du fait que c'est Dieu qui produit en nous le vouloir et le faire selon son bon plaisir (Phil. 2.13). Quelqu'un a dit judicieusement : « Sans Lui, nous ne pouvons pas ; sans nous, Il n'agira pas. »

A. Sur le roc ou sur le sable

Jésus-Christ a présenté, d'une manière nette et claire, la comparaison entre l'homme sage qui bâtit sa maison sur le roc de la Parole écoutée et mise en pratique, et l'insensé qui construit sa maison sur le sable mouvant des efforts humains et qui ignore les instructions divines (Matt. 7. 24-27).

Si Dieu est mis au centre de nos entreprises, s'il nous aide à édifier notre maison, elle résistera aux vents et marées de l'existence. Autrement, c'est la défaite au bout du chemin.

B. Sans Dieu ou avec Dieu

L'apôtre Jacques, s'adressant à ceux qui forment des projets, fait la distinction très nette entre ceux qui veulent agir à leur guise et ceux qui veulent agir selon la volonté de Dieu (Jacques 4.13-16).

L'apôtre nous fait comprendre que ceux qui forment des projets sans penser à Dieu oublient qu'ils sont « une vapeur qui paraît pour un peu de temps, et qui ensuite disparait » (Jacques 4.14b). Ceux qui veulent agir sans Dieu se glorifient dans leurs pensées orgueilleuses (Jacques 4.16). Ceux qui craignent Dieu, au contraire, disent : « Si Dieu le veut, nous vivrons, et nous ferons ceci ou cela » (Jacques 4.15).

C'est avec raison et avec justesse que l'apôtre nous rappelle que nous ne savons pas ce qui arrivera demain (Jacques 4.14). Cela fait bien écho aux paroles de Salomon : « Ne te vante pas du lendemain, car tu ne sais pas ce qu'un jour peut enfanter » (Proverbes 27.1).

Quel est l'impact de tout cela sur notre adoration ? Le message est clair : notre être et notre futur sont en Dieu, et dépendent de lui et de lui seul.

Question à discuter :

- *Comment pouvons-nous associer Dieu dans l'édification de notre famille, de notre foyer, de notre ville, de notre nation ?*

III. LA COMMUNION DU PÈLERIN DANS L'ADORATION

Psaume 133.1-3

Le premier verset du Psaume 133 se lit ainsi : « Voici, oh ! qu'il est agréable, qu'il est doux pour des frères de demeurer ensemble. » L'adoration à Dieu réunit les hommes dans un but commun. Lorsque nous cherchons Dieu, bien souvent, nous nous trouvons les uns les autres. Notre confiance commune en Christ crée un sens d'appartenance à lui et les uns aux autres.

A. Adoration et unité

La vraie adoration nous attire vers une attitude d'unité avec le peuple de Dieu. Les personnes qui se sentent fréquemment éloignées du peuple de Dieu doivent examiner leurs pratiques d'adoration. Il est difficile de prier pour la paix tandis que nous avons des querelles avec des frères et sœurs chrétiens. Et il est presque impossible de garder rancune alors que l'on exprime des actions de grâce pour un pardon personnel.

Le professeur Henri M. Morris, dans son livre Psaumes choisis (Editions Vida, p. 166) dit ce qui suit à propos de l'unité dont parle le Psaume 133 : « Cette unité est illustrée par une image remarquable représentant l'huile d'onction parfumée destinée au souverain sacrificateur, répandue sur sa tête, sa barbe et le long des bords de son vêtement. L'huile est bien connue comme, étant dans les Écritures, le symbole de l'Esprit de Dieu, et ici il s'agit tout spécialement de l'unité que crée le Saint-Esprit, l'unité de l'Esprit par le lien de la paix (Ephésiens 4.3). Les deux seules fois où le mot 'unité' est employé dans le Nouveau Testament... (Ephésiens 4.3, 13), elles correspondent parfaitement à l'image décrite dans le Psaume 133. C'est une unité de foi et d'esprit qui doit s'établir 'professant la vérité dans la charité' (Ephésiens 4.15). »

B. Mont Hermon et mont Sion

Concernant le rapport entre le mont Hermon et la montagne de Sion, le professeur Morris écrit : « Le mont Hermon est situé très au nord et est particulièrement élevé. Le mont Sion est au sud et beaucoup moins haut. Pourtant, tous les deux sont recouverts de la même rosée, ce qui symbolise l'unité finale des royaumes du nord et du sud, et la présence pénétrante du Seigneur au sein de son peuple, qu'il soit exalté ou non.

« La fin du voyage pour chaque croyant se trouve au mont Sion. 'Mais vous vous êtes approchés de la montagne de Sion, de la cité du Dieu vivant, la Jérusalem "céleste" (Hébreux 12.22). Il n'y aura alors plus de divisions ni de dissensions, 'car c'est là que l'Eternel envoie la bénédiction, la vie, pour l'éternité » (Psaume 133.3 — tiré de Pages choisis, p. 167).

Question à discuter :

- *Dans quel sens l'adoration à Dieu en communauté est supérieure à l'adoration en privé ?*

Leçon 11

VIVRE SOUS LA CONNAISSANCE SOUVERAINE DE DIEU

PASSAGE BIBLIQUE SUR LA LEÇON

Psaume 139

VERSET À MÉMORISER

« Nulle créature n'est cachée devant lui, mais tout est nu et découvert aux yeux de celui à qui nous devons rendre compte » (Hébreux 4.13).

LECTURE QUOTIDIENNE

L - Psaume 92, La prosperite du juste
M - Psaume 113, Dieu est exalte
M - Psaume 115, Confiance en Dieu
J - Psaume 116, Le Dieu genereux
V - Psaume 118.21-29, Dieu, notre salut
S - Psaume 125, Dieu, notre defense
D - Psaume 146, Dieu, notre secours

BUT DE LA LEÇON

Nous aider à comprendre que Dieu a une connaissance parfaite de notre vie et qu'il est constamment près de nous ; nous aider aussi à faire l'inventaire de notre existence périodiquement sous le regard de Dieu.

INTRODUCTION

Savez-vous que Dieu vous connaît parfaitement ? Savez-vous que son regard est sur vous matin, midi et soir ? Quel effet cela a-t-il sur vous ?

Le Psaume 139 annonce une découverte étonnante : Dieu connait chaque individu personnellement et complètement. L'homme moderne accepte facilement l'idée de Dieu en tant que père bienfaisaient qui pourvoit volontiers au bonheur éternel, mais le problème, c'est d'accepter le fait que Dieu connait « toutes mes voies » (139.3), un Dieu qui n'est pas limité par le temps et l'espace ou par les lois de la nature.

Mais le psalmiste est convaincu que bien que Dieu sache tout à notre sujet, il nous aime malgré tout. Sa connaissance de chaque petit détail de notre vie ne l'empêche pas de perdre soin de nous. Le psalmiste ne pouvait faire fonctionner tout l'univers et s'intéresser en même temps à chacun de nous en particulier. C'est pourquoi il s'écrie « une science [ou conscience] elle est trop élevée pour que je puisse la saisir » (139.6].

Ce psaume majestueux a été considéré par un rabbin comme « la couronne des psaumes ». Il contient les éléments de base des doctrines concernent l'omniscience, l'omnipotence, l'omniprésence de Dieu – car il sait tout, il voit tout, il peut tout.

Notre esquisse contient les points suivants :

I. Dieu me connaît — Psaume 139.1-4

II. Dieu me cherche — Psaume 139.5-12

III. Dieu m'a créé — Psaume 139. 13-16

IV. Dieu me soutient- — Psaume 139.23-24

I. DIEU ME CONNAÎT

Psaume 139.1-4

La relation intime entre Dieu et l'homme, telle est le point central de ce psaume. Aucun autre psaume ne présente cette idée avec plus de force.

A. Ma personne

« Eternel ! tu me sondes et tu me connais » (139.1). Ce psaume est comme une prière adressée à Dieu qui a, comme un médecin, fait un examen complet de l'écrivain. Quelqu'un a résumé la situation ainsi quand il : « Nous essayons une bonne partie de notre vie, entre le ciel et l'enfer et de nouvelles connaissances et l'agnosticisme, d'échapper à ce Dieu qui nous connaît mieux que nous ne nous connaissions nous-mêmes ; mais nous ne pouvons Lui échapper pour la raison même qu'il nous a connus bien avant notre naissance. »

Souvent, nous aimerions nous éloigner de ce Dieu qui sait tout, mais nous ne pouvons pas plus lui échapper que nous éloigner de nous- mêmes. L'omniscience du Seigneur n'est pas formulée comme une déclaration doctrinale de puissance, mais est confessée dans l'adoration. Etant notre Seigneur, il nous connaît et il nous aime.

B. Mes actions

« Tu sais quand je m'assieds et quand je me lève » (139.2) et « tu sais quand je marche et quand je me couche » (139.3). Dieu nous connaît si complètement qu'il connaît les plus petits détails de notre existence. Dieu sait quand nous sommes au travail et quand nous sommes au repos. Nous pouvons bien vouloir ignorer ou même oublier certains détails, mais II se les rappelle tous.

C. Mes activités

« Et tu pénètres toutes mes voies » (139.3b). Edward J. Young explique ainsi ce verset : « Tout ce que David fait, tout ce qu'il a souffert, toutes ses actions et tout ce qui l'affecte sont connus de Dieu. »

D. Ma conversation

« Car la parole n'est pas sur ma langue, que déjà, ô Eternel ! tu la connais entièrement » (139.4). Il est à la fois troublant et rassurant de savoir que Dieu connaît d'avance nos pensées, avant même que nous ne les exprimions verbalement. Il nous connaît mieux que nous ne nous connaissions nous-mêmes.

Question à discuter :

- *Devons-nous nous réjouir ou nous attrister de ce que Dieu nous connaît si bien ? (Réponse possible : une troisième possibilité serait de nous humilier et de nous soumettre à lui.)*

II. DIEU ME CHERCHE

Psaume 139.5-12

Dieu est partout. Le prophète Jonas pensait pouvoir échapper au regard de Dieu. Au lieu de se rendre à Ninive, comme Dieu le lui avait ordonné, ii monta sur un bateau qui se rendait à Tarsis, probablement dans la direction opposée. Dieu envoya une tempête,

Jonas se retrouva dans l'eau, puis dans le ventre d'un poisson géant qui le déposa finalement sur les rives de Ninive.

Histoire fantasmagorique ! disent les critiques. Omniprésence de Dieu ! s'exclame le croyant. Et pour cause, car Jonas lui-même survécut à son émouvante expérience pour nous en faire part. Jésus-Christ lui-même confirma le récit de Jonas en disant qu'à l'instar de Jonas, dans le ventre du grand poisson, il passerait trois jours et trois nuits dans te sein de la terre (Matt. 12.40).

A. Au ciel ou au séjour des morts, Il y est — Psaume 139.8

« Si je monte aux cieux, tu y es ; si je me couche au séjour des morts, t'y voilà » (139.8). Le regard de Dieu parcourt l'univers tout entier constamment. Lui seul possède cette capacité, car tout a été créé par lui. Il connaît intimement la composition de tout, du temps comme de l'espace. Il ne s'agit pas là de spéculations humaines, mais d'une affirmation formelle de Dieu lui-même à travers sa Parole.

B. Dans l'espace intersidéral ou dans les profondeurs de la mer — Psaume 139.9

C'est là même idée au verset 8 qui se répète. L'espace et la distance sont des termes humains. La lumière dans l'espace voyage à une vitesse de 300.000 kilomètres à la seconde. Vitesse fantastique ! Mais le regard de Dieu parcourt l'univers tout entier qu'il a créé à une vitesse énormément plus grande — que disons-nous donc ? L'univers est constamment devant lui : l'univers et chacun de nous en particulier.

Le même message se répète. Rien ne peut échapper au regard scrutateur de Dieu.

C. Sa main me conduit — Psaume 139.10

Dieu voit tout, mais aussi II s'occupe de nous. Notre vision est bornée par l'horizon. Dieu, qui voit au-delà de tout horizon, nous conduit par la main. En dépit de certaines de nos questions demeurées sans réponse, nous avons cette assurance qu'il est avec nous tout le long du chemin.

D. Dans les ténèbres comme dans la lumière — Psaume 139.11-12

Les ténèbres peuvent être si épaisses que personne ne peut rien voir à travers elles, mais pour Dieu tout est clair comme le soleil à son zénith. Sous le couvert de la nuit, les hommes méchants pensent pouvoir commettre impunément leurs actions les plus malhonnêtes. Mais le psalmiste déclare : « Les ténèbres [brillent] comme la lumière » (139.12).

E. Craint Dieu, car Il est partout

Partout où vous allez, Dieu est déjà là. Partout où vous allez et quiconque va avec vous devrait tenir compte de cet avis : « Vivez selon l'équité, car Dieu est présent. »

Question à discuter :

- *Comment décririez-vous l'omniscience de Dieu ? Dans quel sens Dieu connaît-il tout, compte tenu de la liberté de l'homme ? (Suggestion : quel que soit ce que nous concevons ou faisons nous ne pouvons pas agir en dehors de l'univers créé par Dieu.)*

III. DIEU M'A CRÉÉ

Psaume 139.13-16

Au début de l'histoire des automobiles, une voiture de la marque Ford, « Modèle T », tomba en panne, laissant le conducteur désemparé. Il tâta un peu partout sous le capot, mais rien ne se produisit. Au milieu de son dilemme, une limousine, qui passait par là, s'arrêta et un homme très athlétique en descendit et offrit d'aider le conducteur du « Modèle T ». Après avoir ajusté certains éléments, l'homme de la limousine dit : « Essayez maintenant. » Soudain le moteur du « Modèle T » se mit à ronronner à la grande satisfaction du conducteur. L'homme de la limousine s'introduisit alors comme étant Henry Ford. « J'ai dessiné et construit cette voiture, » dit- il, « Je sais donc quoi faire quand quelque chose ne fonctionne pas bien. »

D'une façon similaire, Dieu nous a créés. Il a planifié notre vie dans sa providence. Nous pouvons donc nous tourner vers lui avec confiance dans nos sombres heures de frustration, dans nos expériences d'accomplissement maximum et dans toute autre circonstance.

Le Créateur a toujours un droit de regard spécial sur ce qu'il a créé. Nous sommes la possession spéciale de Dieu. La merveille de notre structure physique, en plus de la signification de notre capacité intellectuelle et spirituelle, nous amène à un Maître Planificateur. Avec le psalmiste, nous chantons : « Je te loue de ce que je suis, une créature si merveilleuse. Tes œuvres sont admirables, et mon âme le reconnaît bien » (139.14).

Question à discuter :

Pourquoi croyez-vous que l'homme a été créé par un Être Suprême, au lieu d'être une étape de développement dans un processus d'évolution comme certains l'enseignent aujourd'hui ?

IV. DIEU ME SOUTIENT

Psaume 139.23-24

A. « Sonde-moi...éprouve-moi ! »

Ces versets (vv. 23-24) semblent être très similaires au verset 1, mais à la lumière de nombreuses découvertes mentionnées dans ce psaume, David conclut en adressant une requête à Dieu pour qu'il le soumette à un examen en profondeur. « Sonde-moi, ô Dieu et connais mon cœur ! Eprouve-moi et connais mes pensées » (139.23).

Dieu lui-même a déclaré, par la voie du prophète Jérémie : « Moi, l'Eternel, j'éprouve le cœur, je sonde les reins, pour rendre à chacun selon ses votes, selon le fruit de ses œuvres » (Jérémie 17.10). Nous devons bien comprendre que la requête du psalmiste concerne son propre désir d'être éclairé par Dieu. Il veut que Dieu lui montre certaines parties de sa vie qu'il ne comprend pas bien, des choses qu'il ignore ou bien qu'il négligé. Il veut apprendre de Dieu la bonne attitude à adopter.

Nous aussi, nous devons faire un examen personnel de nous-mêmes pour savoir où nous en sommes avec Dieu notre Créateur, « Recherchons nos voies et les sondons, et retournons à l'Eternel » (Lamentations 3.40). A ces paroles du prophète font écho celles de l'apôtre : « Examinez-vous vous-mêmes, pour savoir si vous êtes dans la foi ; éprouvez-vous vous- mêmes » (2 Cor. 13.5).

B. Conduis-moi — Psaume 139.24

À sa requête d'être sondé et éprouvé, le psalmiste ajoute celle d'être guidé. « Regarde si je suis sur une mauvaise voie et conduis-moi sur la voie de l'éternité » (139.24).

Nous savons que nous ne pouvons pas faire le bien par nous-mêmes. Notre cœur, dit le prophète, est tortueux et méchant (Jérémie 17.9) et notre tendance à marcher sur la « mauvaise voie » est héréditaire. Mais Dieu peut nous guider par la main dans la bonne voie, comme un père guide sûrement son enfant à travers une forêt qu'il connaît bien. Et la voie de Dieu, c'est la voie du salut, de la vie éternelle. C'est la voie de l'éternité, de l'éternité en Sa présence bénie !

Question à discuter :

- *Voulez-vous, à l'exemple, du psalmiste, que Dieu examine en profondeur toute votre vie et tout votre être ? Considérez soigneusement votre réponse.*

Leçon 12

L'INCARNATION : DIEU AVEC NOUS

PASSAGES BIBLIQUES SUR LA LEÇON

Psaumes 22.1-6 ; 23 ; 24

VERSET À MÉMORISER

« Voici la vierge sera enceinte, elle enfantera un fils, et on lui donnera le nom d'Emmanuel, ce qui signifie Dieu avec nous » (Matthieu 1.23).

LECTURE QUOTIDIENNE

L - PSAUME 22 LE DIVIN SAUVEUR
M - PSAUME 23 LE BON BERGER
M - PSAUME 24 LE DOMINATEUR ROYAL
J - PSAUME 25.1-7 LE PARDON DES PECHES
V - PSAUME 26 LE JUSTE JUGE
S - PSAUME 27 LE REFUGE AU MILIEU DU PERIL
D - PSAUME 28 SOURCE DE FORCE

BUT DE LA LEÇON

Nous aider à mieux comprendre la pleine disposition prise par Dieu pour notre pleine rédemption en Christ qui est notre Sauveur, notre Berger et notre Seigneur.

INTRODUCTION

La leçon d'aujourd'hui nous permet de faire un retour en arrière pour considérer trois psaumes de la première section — il s'agit des Psaumes 22, 23, et 24.

A cette époque de l'année, nous célébrons la naissance de Jésus-Christ. La Bible ne nous donne aucune date précise ; mais, étant donné la tradition actuelle, nous avons jugé bon de réserver cette leçon à la signification de la naissance de Jésus-Christ pour toute l'humanité.

Nous considérerons ces trois psaumes dans la perspective de la Noël et de Pâques. Sans le Calvaire, la promesse « Dieu avec nous » fait perdre à Bethlehem son symbolisme sur notre caractère et notre engagement. Et sans le miracle de Bethlehem, Pâques n'a pas de sens pour nous. Notre foi est fondée fermement sur le plus grand des miracles : Jésus-Christ. Il est venu dans le monde pour s'identifier dans la mort avec le péché humain, pour satisfaire à la Croix notre besoin de pardon, et enfin pour conquérir la mort dans sa résurrection. Ces trois psaumes montrent toute la gamme du besoin de l'homme d'un Dieu qui est à la fois Sauveur, Berger et Seigneur souverain.

Notre esquisse comporte les points suivants :

I. L'homme a besoin d'un Sauveur — Psaume 22.1-6

II. L'homme a besoin d'un Berger — Psaume 23

III. L'homme a besoin d'un Seigneur souverain — Psaume 24

I. L'HOMME A BESOIN D'UN SAUVEUR

Psaume 22.1-6

Le psaume 22 confronte le lecteur avec la réalité de la Croix. Ce psaume débute avec les mêmes paroles que notre Sauveur prononça au moment le plus crucial de sa vie : « Mon Dieu ! mon Dieu ! pourquoi m'as-tu abandonné ? » (Psaume 22.1 ; Matt. 27.46). Cette séparation cruelle et pénible entre Christ et Dieu au Calvaire est clairement présentée dans ce passage.

A. « Pourquoi ? » — Psaume 22.1

La question — « Où est Dieu maintenant ? » — se fait entendre dans ce psaume et sur la Croix. Cette question se fait entendre à nouveau dans l'existence humaine, chaque fois que les choses de la vie semblent aller tout de travers.

Bien que nous ne sachions pas la cause spécifique de la peine du psalmiste, il nous donne une description correcte et universelle du désespoir humain, le désespoir de l'homme sans Dieu. Il se voit attaqué par des méchants, des lions, des chiens, des taureaux. ses ennemis le tournent en ridicule. Il se croit même comme un ver de terre, faible, roulant dans la poussière. À travers toutes ses tribulations, le psalmiste se pose la question multi- millénaire qui demeure sans réponse, cette question qui se résume en un mot : « Pourquoi ? »

Puisque la séparation d'avec Dieu est le pire de tous les isolements humains, cette question a été aussi posée au Calvaire. Ce cri d'agonie provient d'une peine indescriptible, quand le péché sépare un homme de Dieu. Les événements entourant la mort de Christ nous sont bien connus. Mais l'événement auquel beaucoup d'entre nous nous identifions le plus profondément est dans cette question du Fils au Père : « Pourquoi m'as-tu abandonné ? » Ces paroles qui brisent le cœur nous plongent au plus profond du désespoir, dans la nuit la plus sombre de l'humanité — Sa nuit et la nôtre !

Le péché a causé le cri terrible. Ce psaume relie le psalmiste au Calvaire, à travers les siècles. Et quand il fait la soudure entre nous et le Calvaire, près de 2.000 ans après, il nous rappelle que le Sauveur sans péché a porté les péchés des coupables, que le Sauveur mourut pour les pécheurs. La méchanceté humaine a rendu le Calvaire nécessaire.

La naissance du Sauveur et sa crucifixion, prises ensemble, pourvoit au plus grand de tous les espoirs humains — le salut de l'homme.

À quoi pensait Jésus après son cri terrible au Calvaire ? Quelques érudits bibliques suggèrent qu'il avait à l'Esprit les 22 premiers versets du Psaume 22. Voyons donc :

1. Cri d'isolement (v.2)
2. La fidélité de Dieu dans le passé considéré (vv.4-6)
3. Cri de rejet humain (vv.7-8)
4. Pouvoir du mal (vv.13-14)
5. Les événements de la crucifixion (vv.18-19).
6. Complète dépendance sur Dieu (vv.20-22)

B. Confiance — Psaume 22.4-6

La conclusion pleine de justesse du psalmiste produit de la confiance : « Ils se confiaient, et tu les délivrais » (22.5b). Nous savons que la foi peut trébucher sans subir de dommage permanent. La question de Jésus nous conduit donc à la seule réponse : Si nous nous confions en Dieu, nous ne serons pas déçus. Si Jésus-Christ a pu survivre à Golgotha, nous aussi, nous pourrons porter victorieusement les croix dans notre existence.

Question à discuter :

- *Le cri de Jésus au Calvaire était-il un cri de doute ou une proclamation ? (Suggestion : Rappelons-nous, avant de penser au doute, qu'il s'est chargé de nos péchés et que ce cri proclamait le poids presque insoutenable de nos iniquités.)*

II. L'HOMME A BESOIN D'UN BERGER

Psaume 23

Le Psaume 23 fait partie des textes bibliques les mieux connus et les plus cités. Si le Psaume 139 est considéré comme la « couronne des psaumes », le Psaume 23 porte justement le titre de « perle des psaumes ». Henri Ward Beecher a dit à propos de ce psaume : « Il a rempli l'air du monde avec une joie mélodieuse, plus grande que le cœur ne puisse concevoir. Il a réconforté les cœurs des pauvres. Il a insufflé du courage à l'armée des désappointés. »

Le Psaume 22 et le Psaume 23 ont été unis par ces paroles de Jésus : « Le bon berger donne sa vie pour ses brebis...Je suis le bon berger...Je donne ma vie pour mes brebis » (Jean 10.11b-15).

Ce psaume réduit à néant nos illusions de la suffisance de nous-mêmes, en annonçant le besoin d'un Berger. Lui seul peut nous conduire dans les verts pâturages, près des eaux paisibles, à travers la vallée de l'ombre de la mort et finalement dans la maison du Père pour toujours.

A. Le Seigneur est mon Berger — Psaume 23.1

1. Le psaume débute avec la proclamation que l'Eternel EST. C'est comme si nous lisions Genèse 1.1 : « Au commencement Dieu... » Le Créateur est bien vivant et à l'œuvre dans notre vie et dans le monde qu'il a créé. Son existence n'a besoin ni d'être prouvée ni d'être débattue. Par- delà toute idée d'existence, la Bible affirme que Dieu EST. N'a-t-il pas dit à Moïse — contrairement à l'usage grammatical ordinaire — « Je suis celui qui suis » (Exode 3.14). Le Seigneur est l'Eternel, Celui qui s'appelle « JE SUIS » (Exode 3.14b).

2. Le Dieu éternel est MON Dieu. Luther croyait que le christianisme est une religion de pronoms personnels. Le psalmiste emploie le pronom « mon » et nous pouvons faire de même.

3. L'Eternel est mon BERGER. Sans un berger, les brebis sont sans guide et ils sont désemparés. Sans Dieu la vie n'a pas de sens. « Sans moi », a dit Jésus, « vous ne pouvez rien faire » (Jean 15.5) — c'est-à-dire rien faire qui en vaille vraiment la peine, rien faire de bon. Car il n'y a de bon qu'en Dieu seul (Luc 18.19).

Que fait le Bon Berger ?

1. *Il nous délivre du besoin.* Comme a dit F.B. Meyer : « Il n'y a rien dont vous avez réellement besoin et pour lequel vous ne puissiez pas compter sur Lui. »

2. *Il nous conduit en paix.* Pour nous, Il pourvoit à la paix près des eaux tranquilles (23.2), dans de verts pâturages, assurance en présence de nos ennemis, et Sa bonté continuelle tous les jours de notre vie (23.6). A celui qui est fatigué, Il dit : « Suivez-moi jusqu'à la maison. »

3. *Il nous conduit dans te sentier de la justice.* Et cela à cause de son nom. Westlake T. Purkiser nous dit à propos du Psaume 23.3 : « Dieu non seulement avertit contre le mal, mais il nous guide dans la voie de la justice. C'est à cause de son nom, car il est saint (Psaume 111.9 ; Matthieu 6.9) ; et il veut que ses enfants soient aussi saints (Lévitique 19.2 ; 1 Pierre 1.15-16). »

4. *Il nous conduit même à travers la mort.* La religion chrétienne est réaliste au sujet de la vie et de la mort. Le mot d'encouragement du psalmiste est donc : « Quand je marche dans la vallée de l'ombre de la mort, je ne crains aucun mal, car tu [l'Eternel] es avec moi » (23.4) ; et « J'habiterai dans la maison de l'Eternel jusqu'à la fin de mes jours » (23.6b).

Une petite fille, qui ne pouvait se rappeler toutes les paroles du Psaume 23, déclara simplement : « L'Eternel est mon Berger et c'est tout ce dont j'ai besoin. » Puisse chacun de nous affirmer la même chose.

Le Seigneur est mon Berger ;
Réjouis-toi mon âme,
Car II me fait reposer
Le long des eaux calmes.

Je ne manquerai de rien,
Réjouis-toi mon âme.
Sa justice est mon seul bien,
Et je le proclame !

Alléluia, Alléluia !
Oui partout je chanterai.
Alléluia, Alléluia !
Jésus-Christ est mon Berger.

Question à discuter :

- *Le Psaume 23 parle-t-il de la vie éternelle ? Appuyez votre réponse par un passage du psaume.*

III. L'HOMME A BESOIN D'UN SEIGNEUR SOUVERAIN

Psaume 24

Le mot souverain signifie indépendant de et supérieur à toute autre autorité. Dieu est souverain dans notre vie à cause de sa nature essentielle. Mais contrairement à l'usage humain de l'autorité, son autorité se manifeste tendrement à travers son plan de salut (Psaume 22) et son rôle de Berger à notre égard (Psaume 23). Il n'utilise jamais son autorité d'une manière arbitraire pour nous opprimer, mais Sa souveraineté sur nous est pour notre bien et pour l'avancement de son royaume. Après Bethlehem, après le Calvaire et après le matin de Pâques, nous percevons qu'il est digne de notre loyauté absolue.

A. Le Roi Créateur -r- Psaume 24.1-2

Le monde et tout ce qu'il renferme Lui appartient (24.1-2). Toutes les découvertes de l'homme ne sont que des découvertes de ce que Dieu a fait. Dieu possède le monde et ce qu'il renferme et cela signifie nous aussi.

B. Ce que Dieu demande des vrais adorateurs — Psaume 24.3-6

Contrairement aux exigences externes de certaines religions, les aspects extérieurs de la religion ne sont même pas discutés ici. Ce qui importe c'est l'aspect interne : mains pures, cœur pur, absence de honte causée par la culpabilité. Les enfants de. Dieu Lui appartiennent exclusivement. Pouvez-vous monter jusqu'au lieu saint ? Lisez le verset 4 et vous saurez si vous êtes qualifié.

C. Le Roi de gloire — Psaume 24.7-10

Le roi de gloire, c'est Jésus-Christ. Il a conquis le péché en y faisant l'expiation pour les pécheurs — tous les pécheurs ; Il a vaincu Satan — à la Croix — là même où l'Adversaire croyait avoir gagné la partie ; Il a conquis la mort en acceptant de mourir. Comme t'a dit quelqu'un, « la crucifixion était la mort de la Mort dans la mort de la Vie et la subséquente résurrection du Seigneur d'entre les morts ».

Questions à discuter :

- *Dieu est Souverain. Pouvez-vous montrer cela en citant un passage du Psaume 24 ?*
- *Avez-vous l'assurance que Jésus est à la fois votre Sauveur, votre Berger et votre Roi (Seigneur souverain) ? Sinon, comment pouvez-vous obtenir une telle assurance ?*

Leçon 13

LOUEZ L'ÉTERNEL

PASSAGES BIBLIQUES SUR LA LEÇON

Psaumes 148 ; 149 ; 150

VERSET À MÉMORISER

« Que tout ce qui respire loue l'Éternel » (Psaume 150.6).

LECTURE QUOTIDIENNE

L - Psaume 146, Louanges des personnes rachetees
M - Psaume 147, Louanges d'Israël rachete
M - Psaume 148, Louanges de la nature rachetee
J - Psaume 149, Louanges pour les justes jugements de Dieu
V - Psaume 150, Louanges universelles et eternelles
S - Apocalypse 5.8-10, Le cantique a l'Agneau
D - Psaume 98, Louanges a notre Dieu

BUT DE LA LEÇON

Montrer que la louange est une forme d'adoration, exprimant la joie du cœur pour le don de la vie que Dieu nous a offert et pour la délivrance qu'il accorde aux rachetés.

INTRODUCTION

Les cinq derniers psaumes (146--150) forment l'épilogue du recueil des Psaumes. C'est un épilogue célébrant la louange de l'Éternel pour le salut qu'il accorde (Psaume 146.2-3) ; pour les soins tendres qu'il apporte à ceux qui souffrent mentalement et physiquement (147.2-3 ; pour son œuvre créatrice merveilleuse (Psaume 148) ; pour le triomphe qu'il accorde à ses fidèles (Psaume 149). Le Psaume 150 est comme une gerbe d'étincelles éclairant tout l'univers, un hymne majestueux se terminant en apothéose à la louange du Créateur.

Après avoir passé en revue tous les thèmes que nous avons considérés dans les douze premières leçons, nous sommes heureux de pouvoir, avec l'aide du psalmiste, considérer le thème de la louange. Nous avons emprunté au livre du professeur Henri M. Morris, (Psaumes choisis, pp. 171-188, Editions Vida, 1986), certaines des idées exprimées dans cette dernière leçon.

Notre esquisse comporte les points suivants :

I. Louange pour la délivrance de la création — Psaume 148

II. Louange à travers les jugements de Dieu — Psaume 149

III. Louange universelle — Psaume 150

I. LOUANGE POUR LA DÉLIVRANCE DE LA CRÉATION

Psaume 148

A. Les anges participent à la louange — Psaume 148.2

Il est intéressant de noter que le psalmiste associe les anges à la louange au Créateur. Nous ne savons pas beaucoup des anges — nous savons si peu, même à propos de nous-mêmes ! — mais ce que l'Ecriture nous révèle indique qu'eux aussi participent au plan de Dieu pour la libération finale de l'univers. Nous avons vu précédemment (leçon 7) que les anges sont des « esprits au service de Dieu, envoyés pour exercer un ministère en faveur de ceux qui doivent hériter du salut » (Hébreux 1.14).

Mais en ce qui concerne la louange, la Bible nous parle du « chœur des anges », (Hébreux 12.22), une formidable chorale d'êtres spirituels qui chantent la louange du Créateur. Et lorsqu'un pécheur se repent, il y a joie dans le ciel (Luc 15.7), une joie qui s'exprime par des accents infiniment plus mélodieux que la composition musicale la plus raffinée sur terre.

B. Dieu ne viole point ses lois — Psaume 148.6

Les œuvres de Dieu fonctionnent et se développent selon des lois établies. Dieu ne change pas les structures des choses pour un oui ou pour un non. Autrement, Il n'aurait pas permis que la pluie tombe uniformément sur les bons comme sur les méchants (Matt. 5.45). La stabilité est la règle dans l'univers de Dieu.

Cependant, dans certaines circonstances exceptionnelles, Dieu intervient selon sa volonté et pour répondre à la prière instante d'êtres qui Lui obéissent, et Il agit sur les lois qu'il a établies, et Il les suspend temporairement en devenant lui-même la « loi » en question.

C'est dans ce sens que nous pouvons expliquer le miracle du soleil « arrêté » à la requête de Josué (Josué 10.12-14), ou de l'ombre qui s'est reculé à la requête d'Ezéchias (2 Rois 20.10-11), ou des eaux de la mer Rouge qui se sont partagées en deux à la requête de Moïse qui obéissait à l'ordre donnée par Dieu (Exode 14.21-22), ou de la mer qui s'est apaisée sur l'ordre de Jésus (Luc 8.24).

Dieu ne viole point ses lois, mais il n'est point limité par elles, de sorte qu'il peut agir sur elles quand les circonstances l'exigent. Il est bon de louer Dieu pour sa fidélité et pour la stabilité qu'il procure à toute sa création.

Toute la création est invitée à participer à la louange au Créateur (Psaume 148.7-13).

Question à discuter :

Quels sentiments éprouvez-vous à la pensée que les anges de Dieu s'intéressent à la libération de l'humanité et participent à la louange que nous adressons à Dieu ?

II. LOUANGES À TRAVERS LES JUGEMENTS DE DIEU

Psaume 149

Le contexte du Psaume 149 est prophétique. Il annonce des choses qui doivent se produire dans le futur. Dans le passé, beaucoup de groupes religieux se sont servis des implications de ce psaume (149.6-8) pour justifier certaines guerres et certaines persécutions, affirmant erronément qu'ils étaient les bras justiciers du jugement de Dieu. Quelle aberration, au nom d'un faux christianisme !

A. Un cantique nouveau — Psaume 149.2

Il est peut-être paradoxal de chanter un cantique nouveau pour célébrer un jugement. Mais l'on doit se rappeler qu'un jugement peut être de condamnation ou d'acquittement.

Il est certain que les méchants seront condamnés ; mais les justes seront justifiés, lors du jugement de Dieu, et auront raison de se réjouir et de célébrer l'Eternel par un cantique nouveau. En effet, les croyants ne viennent point en jugement (Jean 5.24). Ils peuvent donc se préparer à célébrer et à festoyer.

Quand on se rend à une cérémonie spéciale, on s'évertue à se parer d'habits neufs. Pareillement, un cantique nouveau est de mise pour une célébration spéciale. Et la plus grande célébration en fonction de la parole prophétique, c'est l'élimination de l'adversaire millénaire, de l'accusateur des croyants, Satan le prince des démons (Apocalypse 12.10).

B. Les Jugements de Dieu sont équitables — Psaume 149.9

Dieu ne fait point acception de personnes (Cal. 2.6). Cela veut dire que personne ne peut accuser Dieu de partialité et de cruauté. La doctrine de la prédestination de certains êtres à la perdition n'a aucun fondement biblique. Dieu ne prend plaisir à la mort du méchant, mais désire plutôt qu'il change de conduite et qu'il vive (Ezéchiel 18.23). Toutefois, si le méchant persiste dans ses mauvaises voies, le jugement de Dieu sera « écrit » contre lui, c'est-à-dire qu'il finira par subir le châtiment que sa dureté de cœur lui attirera.

Question à discuter :

- *Devons-nous nous réjouir des mésaventures de ceux qui font le mal ? De quoi devons-nous plutôt nous réjouir ? (Voyez Luc 10.20.)*

III. LOUANGE UNIVERSELLE

Psaume 150

Le professeur Henri M. Morris dit à propos de ce psaume : « Le dernier psaume anticipe l'époque où tout sera rendu parfait, où toute rébellion et méchanceté disparaîtront de la création de Dieu, où la malédiction sera retirée de la terre, où Satan sera jeté dans l'étang de feu…Puis le moment sera enfin venu de chanter la plus grande de toutes les doxologies. Le plan de Dieu sur le salut a été complètement réalisé et toute la création est redevenue 'très bonne' et ceci pour toujours. »

Voyons donc en quoi consiste cette doxologie spéciale.

A. Louange pour ses hauts faits — Psaume 150.2

Les hauts faits de Dieu ont rapport principalement avec ses actes miraculeux de délivrance qu'il aura opérés en faveur de ses enfants, lorsque tous les autres moyens de délivrance auront fait défaut. Et où doit-on Le louer pour ses hauts faits ?

1. *« Dans son sanctuaire » (150.1a)*. Le sanctuaire, le lieu où les enfants de Dieu s'assemblent pour L'adorer. Entrons dans les parvis de son sanctuaire et chantons avec allégresse ses bienfaits. .

2. *Dans « l'étendue où éclate sa puissance »* (150.1b). Nous pouvons Le louer non seulement dans son sanctuaire, mais partout où nous sommes. Les vrais adorateurs adorent en esprit et en vérité ; et là où ils s'assemblent — deux ou trois ou davantage ! — ils peuvent compter sur la présence du Seigneur (Matt. 18.20).

A propos de l'étymologie du terme « étendue », le professeur Morris explique que te terme hébreu *raqia* signifie littéralement « étendant », et il ajoute que « ce commandement nous enjoint de louer le Seigneur en étendant sa puissance. Sa puissance s'étend naturellement à travers l'espace infini de sorte que les chants de louange des anges s'étendent de la même façon dans tous les recoins de la création de Dieu. »

B. Tous ceux qui respirent sont invités à louer l'Eternel — Psaume 150.6

Le mot hébreu *ruach* ou *ruah* signifie souffle ou esprit. C'est le souffle de Dieu, autrement dit son Esprit insufflé en nous, qui nous permet de respirer et de vivre. Mais les bêtes ont aussi le souffle de Dieu en eux et eux aussi — à leur manière — peuvent louer Dieu et se réjouir des choses qu'il met à leur disposition.

Quant aux hommes, ils peuvent utiliser des instruments divers pour produire de la louange mélodieuse à la louange du Créateur. Les instruments, cités dans le Psaume 150, sont : la trompette, le luth, la harpe, le tambourin, le chalumeau et les cymbales. Par ailleurs, les instruments à cordes sont mentionnés. Naturellement nous pouvons ajouter aussi les instruments à vent et les instruments modernes utilisant l'électricité ou non, et dont nous nous servons dans nos services d'adoration et dans nos concerts spirituels : piano, guitare, harmonium, orgue, saxophone, piston, xylophone, etc.

Que tout ce qui respire et tous les instruments dont nous disposons louent l'Eternel.

Avant de terminer cette leçon, soulignons que l'usage du mot « danses » n'a rien de péjoratif. Il existe bien sûr des danses indécentes qui mettent l'accent sur le côté érotique des émotions naturelles. Mais il existe aussi ce qu'on appelle la danse sacrée, utilisant une technique chorégraphique propre à mettre en valeur la souplesse des membres du corps, ondulant au rythme de la musique servant à exprimer la louange.

David avait l'habitude de danser devant l'Eternel (2 Samuel 6.14). Et parfois dans nos services religieux, quand notre émotion est portée à son comble, n'exprimons-nous pas notre joie en battant des mains, en élevant les mains au ciel, en laissant notre corps et notre âme exprimer chaleureusement notre allégresse et notre joie. « Mais que tout se fasse avec bienséance et avec ordre », dit l'Ecriture (1 Cor. 14.40). Dans les limites de la décence et de la convenance, nous pouvons exprimer dans la présence du Seigneur, de diverses manières, notre joie et nos louanges.

LOUEZ L'ETERNEL !

(Lecture supplémentaire pour la 13° leçon)

INSTRUMENTS DE MUSIQUE DANS LE LIVRE DES PSAUMES

LES CYMBALES

Les cymbales (en hébreu, *seslim* et *msiltayim*) étaient les seules instruments à percussion dans l'orchestre du Temple. On ne pouvait pas accorder ces instruments bruyants.

Le verset 5 du Psaume 150 distingue deux types de cymbales : « Louez-le avec les cymbales sonores ! Louez-le avec les cymbales retentissantes ! » Les cymbales « sonores » avaient un diamètre plus grand que les cymbales « retentissantes » et probablement de la forme et de la dimension d'une assiette à soupe. On les jouait des deux mains. Les cymbales retentissantes étaient plus petites et on les jouait d'une main ; on les attachait au pouce et au majeur.

LA LYRE

Souvent mentionnée dans l'Ancien Testament comme une harpe, la lyre (en hébreu, *kinnor*) était l'instrument à cordes le plus populaire en Israël. David jouait une lyre devant le roi Saül. Le *kinnor* en bois n'a pas de chambre de résonance comme la harpe ou la guitare. On la jouait en pinçant ses cordes fait d'intestins de chameau avec une lamelle de bois dur, d'os ou d'ivoire — le plectre. On pouvait la tenir facilement d'une main et la jouer de l'autre. Le ton était doux.

La lyre [ou le luth] est l'un des premiers instruments à cordes mentionnés dans la Bible (Genèse 4.21, Jérusalem. Elle était un symbole de joie et de bonheur. Les Juifs refusaient de jouer de la lyre durant leur exil à Babylone. « Sur les bords du fleuves de Babylone, nous étions assis et nous pleurions, en nous souvenant de Sion. Aux saules de la contrée nous avions suspendu nos harpes » (Psaume 137.1-2).

« Et je te louerai au son du luth, je chanterai ta fidélité, mon Dieu. Je te célébrerai avec la harpe, Saint d'Israël ! » (Psaume 71.22).

LA HARPE

La harpe (en hébreu, *nevel*) était façonnée à partir d'un bois spécial. Elle avait une chambre de résonance, et ses 12 cordes étaient pincées par la main. Cet instrument est fréquemment mentionné dans les Psaumes. À cause de sa musique adoucissante, le psalmiste nous invite à louer Dieu avec le luth [le psaltérion] et la harpe (Psaume 150.3).

On pouvait tenir certaines harpes sur le bras, mais la plupart d'entre elles étaient posées sur le sol ou fixées à un support.

La harpe et la lyre étaient les instruments les plus importants dans l'orchestre du Temple. Aucune cérémonie religieuse publique ne pouvait être célébrée sans elles. La harpe semble avoir été d'une plus grande dimension, plus résonnante et d'un timbre plus bas que la lyre.

LE SHOFAR

Le shofar (en hébreu, *keren*) est le seule instrument dans le Temple utilisé aujourd'hui encore dans la synagogue. Fait de la corne recourbée d'un bélier ou de la corne droite d'un bouc, et d'une longueur d'environ 46 cm, il produit un son pas très harmonieux, On l'utilisait comme un instrument de rassemblement dans les cérémonies religieuses et séculières.

Aujourd'hui le chant du shofar est un chant simple mais aimable d'appel à l'adoration.

LA TROMPETTE

Elle était utilisée d'une manière semblable au shofar. Un simple coup de trompette rassemblait les dirigeants d'Israël. Quand la trompette sonnait l'alarme, tout le monde se rassemblait.

La trompette (en hébreu, *chatzotzera* ou *hasora*) était faite d'argent selon les instructions données par Dieu à Moïse : « Fais-toi deux trompettes d'argent ; tu les feras d'argent battu. Elles te serviront pour la convocation de l'assemblée et pour le départ des camps » (Nombres 10.2). Seuls les prêtres devaient sonner des trompettes. Deux trompettes au minimum étaient requises pour le service du Temple — on pouvait utiliser 120 au maximum.

Cet instrument d'environ 46 cm de long a souvent été utilisé comme un symbole sur les monnaies juives.

SOMMAIRE

Printed by Books on Demand GmbH, Norderstedt / Germany